ANIMAIS FANTÁSTICOS E ONDE HABITAM™

NOTÍCIAS EXTRAORDINÁRIAS

AS HISTÓRIAS POR TRÁS DA MAGIA

ENTREVISTAS EXCLUSIVAS * FATOS * HISTÓRIAS DESCONHECIDAS DE BASTIDORES

JODY REVENSON

Conheça todos os segredos dos bastidores do primeiro filme e dê uma espiada em...

ANIMAIS FANTÁSTICOS OS CRIMES DE GRINDELWALD

TRADUÇÃO
Guilherme Kroll

WIZARDING WORLD

HarperCollinsPublishers

PUBLISHER:
Omar de Souza

GERENTE EDITORIAL:
Mariana Rolier

EDITORA:
Alice Mello

TRADUÇÃO:
Guilherme Kroll

PREPARAÇÃO, REVISÃO E DIAGRAMAÇÃO:
Balão Editorial

HarperCollins*Publishers*
1 LONDON BRIDGE STREET,
LONDON SE1 9GF
WWW.HARPERCOLLINS.CO.UK

PUBLICADO NA GRÃ-BRETANHA POR
HarperCollins*Publishers* 2018
1

Texto de Jody Revenson

Foi feito depósito legal na Biblioteca Nacional.

EDITOR DO PROJETO:	LAYOUT DE PÁGINA:	DESIGN DE CAPA:	DIRETOR DE PRODUÇÃO:
Chris Smith	Terence Caven	Holly Macdonald	Simon Moore

HARPERCOLLINS GOSTARIA DE AGRADECER A
VICTORIA SELOVER, EMMA WHITTARD, MICKEY STERN, JILL BENSCOTER & MELANIE SWARTZ

ISBN 978-85-9508-333-2

IMPRESSO E EMBALADO NA RR DONNELLEY APS, CHINA

CIP-BRASIL. CATALOGAÇÃO NA PUBLICAÇÃO
SINDICATO NACIONAL DOS EDITORES DE LIVROS, RJ

S16m
Revenson, Jody
Animais fantásticos e onde habitam: Notícias extraordinárias – as histórias por trás da magia/Jody Revenson; tradução Guilherme Kroll – 1. ed. – Rio de Janeiro: HarperCollins Brasil, 2018.

il.
Tradução de: Fantastic Beasts and Where to Find Them: Movie-Making News – The Stories Behind the Magic
ISBN 978-85-9508-333-2

1. Cinema. 2. Fantasia I. Kroll, Guilherme. II. Título.

16-34062 CDD: 791.43658
CDU: 791.43

SUMÁRIO

SEÇÃO

NOTÍCIAS ATUAIS

BRUXO DAS TREVAS, TEMPOS TENEBROSOS

AUMENTAM OS ATAQUES DE GRINDELWALD

CONFIRA OUTRAS NOTÍCIAS NA PÁGINA 72

NO COMEÇO DO FILME *ANIMAIS FANTÁSTICOS: OS CRIMES DE GRINDELWALD*, O BRUXO SOMBRIO GELLERT GRINDELWALD ORGANIZOU UMA SÉRIE DE ATAQUES NA COMUNIDADE TROUXA EUROPEIA, E BRUXOS AMERICANOS ESTÃO COMEÇANDO A TEMER QUE A CAMPANHA DE GRINDELWALD VENHA PARA OS ESTADOS UNIDOS.

O mundo da magia na América já sofreu uma intolerância mortal contra sua comunidade nos julgamentos das bruxas em Salem, Massachusetts, em 1692. Desde então, leis da magia foram desenvolvidas para que haja pouca ou nenhuma interação entre as populações mágicas e não-mágicas, de modo a garantir a segurança dos bruxos. Essas leis reforçam uma segregação total entre as comunidades bruxas e não-maj, incluindo o casamento.

ORDEM MUNDIAL AMEAÇADA

"Por isso, bruxas e bruxos da Nova York de 1926 são muitos discretos", observa David Yates, diretor de *Animais fantásticos e onde habitam*. "Formam uma comunidade reclusa. Se você caminhasse pela Quinta Avenida, provavelmente passaria por um sem perceber. Em última análise, eles enfrentam uma força que ameaça expô-los, e esse é um ponto central na nossa história."

"O que Grindelwald quer fazer é expor o mundo da magia", explica o produtor David Heyman, "e, ao fazê-lo, criar uma guerra com o mundo não bruxo. Além disso, existe o medo de que um fascista, alguém intolerante como Grindelwald, só causará dor."

Embora Grindelwald faça apenas uma aparição breve no filme, o tema subjacente de uma sociedade desprotegida com as maquinações dos formuladores de políticas para tirar proveito da situação é o que se entrelaça na narrativa. "São temas que sempre interessaram, Jo", comenta Heyman. "Não acho que tínhamos planejado fazer um filme político com 'P' maiúsculo. Este é um entretenimento com temas que ressoam ao longo do tempo. Infelizmente, alguns dos problemas que enfrentamos neste filme são atemporais."

Notícias urgentes
CONFIRA p. 77

O nome "Gellert Grindelwald" lança medo na comunidade mágica como visto em uma série de artigos de jornal que ajudam a preparar a história de *Animais fantásticos e onde habitam*.

Gellert Grindelwald está recrutando um exército de apoiadores de suas ideias distorcidas sobre a superioridade dos bruxos em relação aos não-majs. Se esses bruxos não forem detidos, podem ajudá-lo a tomar o poder e dominar toda a comunidade mágica.

Depois de causar estragos no continente, esse poderoso bruxo das trevas escapou e não pode ser encontrado em parte alguma. Se não for impedido, os ataques de Grindelwald poderiam incitar uma guerra contra os não-majs. Os ataques estão aumentando, por isso a população está sendo aconselhada a ficar alerta.

OBJETIVOS DE GRINDELWALD

GRINDELWALD ESTÁ CERTO?

"Há pessoas que acreditam ser patético, suponho eu, que bruxos ainda vivam escondidos", acrescenta Eddie Redmayne, que interpreta Newt Scamander. "Deve haver uma guerra vocal contra trouxas. Imagino que haja certa paz no momento, mas Grindelwald está agitando isso. Ele acredita na superioridade da comunidade mágica em relação à comunidade trouxa".

ATIVIDADE INEXPLICADA DESTRÓI MANHATTAN

Oficiais do MACUSA suspeitam que uma força mágica tem causado destruição na cidade e chamado a atenção dos não-majs. Sem aviso, as ruas foram abaladas e depois explodiram como terremotos, paralelepípedos foram arremessados no ar, causando danos a carros e edifícios próximos, agora nada além de escombros. Carros foram lançados pelas ruas; tampos de bueiros também foram arrancados do chão. Essa atividade é frequentemente acompanhada por um rugido ou um uivo.

Uma testemunha de um evento descreveu assim: "Era como um... *vento* ou um... *fantasma*... mas sombrio. E eu vi seus olhos — brancos e brilhantes — como uma massa sombria, que mergulhou lá embaixo, abaixo do solo... Juro por Deus... pra baixo do solo bem na minha frente".

Inicialmente se acreditou que a força estivesse localizada em uma área isolada, porém causou estragos em vários bairros, mais notadamente no Lower East Side e na área da Prefeitura.

SEGUNDOS SALEMIANOS E A SUA CAMPANHA PARA ELIMINAR E EXPOR A BRUXARIA

Dirigido pela extremista Mary Lou Barebone, a SFNS, também conhecida como "Segundos Salemianos", recupera os julgamentos originais das bruxas de Salem, que aconteceu no fim do século XVII em Massachusetts.

"Mary Lou Barebone é uma pessoa do tipo evangelizadora com uma crença forte de que existem bruxas em Nova York, e ela quer expô-las", explica David Yates. "Ela quer chamar a atenção de cada nova-iorquino comum para a existência dessas bruxas na cidade. A família Barebone representa uma parte limítrofe, estranha e misteriosa da história que é de fato a história."

Ezra Miller, que interpreta Credence Barebone, o filho adotado mais velho de Mary Lou, descreve os Segundos Salemianos como "pegos em uma modalidade que é malvada. Quando li o roteiro, senti como um ponto culminante de tantas das ideias que estavam sutilmente presentes nas obras que precederam aquilo. [J.K. Rowling] pega ideias muito grandes e as reduz a uma forma quintessencial em uma trama específica. Acho que ela é realmente uma mestra nisso".

"Mary Lou é uma personagem muito importante porque ela está em cima dos bruxos", diz Rowling. "Na superfície, trata-se de uma mulher bastante amável. Ela está alimentando crianças pobres nas ruas. Mas na verdade é intensamente abusiva."

MALIGNA, EI

"Acho que haverá um lugar projetado para as vibrações ameaçadoras de Mary Lou Barebone", diz Ezra Miller. "Samantha entregou uma atuação incrivelmente maligna, sim, mas também incrivelmente complexa e moralmente ambígua e realista."

CRUZANDO O OCEANO

POR TRÁS DA FAMÍLIA BAREBONE

Mary Lou Barebone, interpretada por Samantha Morton, parece, de fato, uma mulher bem boa, que alimenta os pobres e as crianças carentes em troca de ajuda com a distribuição de sua propaganda contra a comunidade mágica.

Ela adotou três filhos: Credence, Chastity e Modesty. "Eles não são parentes consanguíneos uns dos outros", explica Jenn Murray, que personifica Chastity, "e todos se uniram para viver sob um teto de igreja. Eles não estão nada bem. Acreditam piamente em sua fé e na ideia de que 'se não seguir nosso caminho, você está errado e coisas ruins lhe acontecerão'." Murray ameniza quando descreve que a família tem uma "relação complicada. Todos estão muito conectados entre si, mas também estão muito isolados".

"Há trevas neste filme", diz Eddie Redmayne. "Há brutalidade. Os temas de repressão e segregação e o que acontece quando você é forçado a reprimir coisas… Eu acho bastante tocante."

VER COBERTURA RELACIONADA
NA SEÇÃO D
O SÍMBOLO DOS SEGUNDOS SALEMIANOS SINALIZA UMA DECLARAÇÃO FORTE

O IRMÃO DE THESEUS SCAMANDER CHEGA AO PORTO DE NOVA YORK

Newt Scamander está chegando ao litoral da cidade de Nova York, um autoproclamado "magizoologista" que atualmente está pesquisando um livro sobre animais fantásticos. Scamander vem da Inglaterra, onde as restrições sobre criaturas mágicas são bem mais suaves. Afinal, quem é Newt Scamander? Nascido de uma respeitada família de bruxos, Newton Artemis Fido Scamander estudou na Escola de Magia e Bruxaria de Hogwarts (casa Lufa-Lufa), mas foi expulso antes da graduação. Durante a Grande Guerra, trabalhou com dragões do tipo Barriga-de-Ferro Ucraniano no Front Oriental. O irmão mais velho dele, Theseus, é um herói de guerra e auror do Ministério da Magia britânico. O jovem Scamander recentemente passou um ano dedicado à sua pesquisa.

O personagem de Newt Scamander nasceu como autor de um livro chamado *Animais fantásticos e onde habitam*, escrito por J.K. Rowling para levantar

CONTINUA NA PÁGINA 11

A "PESQUISA" DO AUTOR RENEGADO É UMA AMEAÇA?

"ELE SÓ QUER COLOCAR SUAS CRIATURAS DE VOLTA EM SUA MALETA E SAIR DE LÁ" – DAVID YATES

No começo da história, "Newt tem viajado pelo mundo estudando criaturas mágicas", Rowling explica. "Sua ambição é escrever *Animais fantásticos e onde habitam*. Ele quer que as pessoas compreendam o quanto essas criaturas são notáveis e quer educar o público de modo que parem de matá-las. Porém Newt, por ser Newt, não consegue evitar: se encontra algum bicho ferido ou ameaçado, leva-o consigo."

"Newt é a única pessoa que tem esse trabalho em todo o mundo mágico", lembra o diretor David Yates, "porque ninguém pensa de verdade que é uma boa ideia se envolver com animais fantásticos: eles são perigosos e alguns podem até matar!"

CONFRONTANDO O DESCONHECIDO

Durante a próxima jornada de Newt, ele é exposto ao preconceito e ao segredo que permeia a comunidade mágica norte-americana. "Ele entra em uma situação que não compreende", diz Rowling. "Algo que tem implicações para todo o mundo mágico. Ele realmente não entende como a magia funciona aqui e, sem querer, abre uma maleta de criaturas mágicas no meio de Nova York, indiscutivelmente o lugar mais hostil onde poderia ter feito isso", ela continua. "Ele fica muito perturbado, e tudo é divertido demais de escrever."

Apesar do perigo, Newt se sente muito mais confortável entre as criaturas do que entre os seres humanos. "Ele é um pouco desajeitado para o mundo", continua Rowling. "No reino animal, porém, se sente completamente em casa."

Rowling explica que Newt vem de uma família ministerial que gosta muito de se promover e de garantir a lei. "Newt, no entanto, não gosta de autoridade", comenta Eddie Redmayne. "Ele não gostava do Ministério quando trabalhava lá. Ele é seu próprio chefe, sempre foi. Vê a maravilha e o brilho nesses animais e acredita que a comunidade mágica, com uma educação adequada, poderia aprender a viver lado a lado com as criaturas e apreciar o quão extraordinárias elas são.

"O que amo a respeito de Newt é que se trata de um cara apaixonado", Redmayne continua. "Tem seus próprios interesses e vive sua própria vida. Ele tem seus próprios objetivos. Não é do tipo que só fica agradando as pessoas." (Na verdade, em dado momento Newt conscientemente revela a Jacob: "Eu irrito as pessoas".) "Ele está muito contente sozinho e na companhia de seus animais. Somente ao longo do filme dá para perceber que, apesar de toda a maravilha e emoção de sua vida, há um buraco ali de algumas maneiras. Há uma parte dele onde existe tristeza. Uma das incríveis jornadas dele no filme é a respeito do contato humano. Está aprendendo a ser ele mesmo, na verdade."

> "HÁ UMA PARTE DELE ONDE EXISTE TRISTEZA" – EDDIE REDMAYNE

CONTINUAÇÃO DA PÁGINA 9

fundos para o Comic Relief em 2001. "Durante a redação do livro, fiquei bastante interessada no pretenso autor, Newt Scamander", diz Rowling. Quando a Warner Bros. propôs para J.K. Rowling a ideia de transformar o livro em um filme, ela começou a reunir as ideias para o que seria a história de fundo de Newt e, "Doze dias depois, eu tinha uma versão bem crua de um roteiro."

O MOVIMENTO MAGIZOOLOGISTA

Eddie Redmayne pesquisou muito para o seu papel, reuniu-se com zoólogos e com funcionários de parques safáris. "Todos conversaram apaixonadamente sobre suas técnicas e seus métodos", ele recorda. "Eu me encontrei com pessoas que lidavam com a criação de animais e ouvi histórias como, por exemplo, quando os filhotes nasciam, os rapazes ou as garotas literalmente dormiam com eles em suas camas."

Redmayne também trabalhou com pessoas cujo negócio é rastrear animais. "Ver como esses rastreadores andavam trouxe elementos físicos para a maneira de caminhar de Newt. Por exemplo, quando eles estão tentando perseguir um animal, precisam ser incrivelmente silenciosos. Eles viram os pés e as pernas, levantam uma perna e a colocam exatamente onde querem, de um jeito deliberado. E há uma espécie de postura aberta que adotei." A pesquisa também incluiu trabalhar com as descrições de J.K. Rowling no roteiro. "Ela escreveu que, quando Newt é visto andando pelas ruas de Nova York pela primeira vez, ele tem uma característica 'inconsciente como de Buster Keaton', um 'ritmo diferente daqueles que o cercam'. Tentei desesperadamente desenvolver isso!"

JÁ SE PERGUNTOU COMO UM MAGIZOOLOGISTA SE VESTE PARA FAZER SUAS PESQUISAS?

VEJA
ROUPA DE CAMPO: O CASACO
SEÇÃO C, PÁGINA 38

COMOÇÃO EM UM BANCO NÃO-MAJ

"Quando vemos Jacob [Kowalski] pela primeira, ele acabou de voltar da guerra", diz Dan Fogler, que interpreta o promissor padeiro. "Ele é tipo o *último* cara que voltou da guerra, como se ninguém tivesse dito que acabou. Agora ele deseja começar uma família e abrir uma padaria." Jacob traz uma maleta cheia de doces para mostrar ao gerente de empréstimos, Sr. Bingley (Peter Breitmayer). "Ele sabe que, se o gerente [Bingley] saborear um desses doces, vai conseguir o empréstimo." Newt, nesse meio-tempo, seguiu o Pelúcio no banco e encontra Jacob enquanto ele espera sua reunião. Newt tem uma maleta idêntica à de Jacob — com a diferença que a dele está cheia de criaturas mágicas.

Jacob não consegue o empréstimo, mas pega um ovo de Occami que Newt deixa em um assento, e o ovo começa a chocar. O Pelúcio tem rondado pelo banco, causando caos em sua busca por qualquer coisa brilhante — Pelúcios pegam ou roubam quaisquer objetos brilhantes que encontram e guardam na bolsa que têm na barriga, cuja capacidade é considerável. Newt está dividido entre recuperar o ovo e pegar o Pelúcio, e faz a escolha de silenciosamente invocar Jacob magicamente e aparatar em uma escadaria mais abaixo. "Esse", diz diretor David Yates, "é o momento em que revelamos que Newt Scamander, esse homem recém-chegado a Nova York em 1926, é um bruxo, na verdade."

Newt leva Jacob junto em seus esforços para recuperar a criatura quando vê o Pelúcio se espremendo para dentro do cofre do

CONTINUA NA PÁGINA 14

TESTADO E COMPROVADO

O interior do primeiro andar do banco foi filmado no Martins Bank em Liverpool, onde há colunas altas de mármore cor de creme, vermelho e marrom, e as grades dos caixas são douradas. O designer de produção Stuart Craig procurou os mesmos princípios que aplicou na seleção do Australia House em Londres como o banco Gringotes para escolher a locação do banco americano. "Bancos, antes mais do que agora, queriam impressionar com sua magnificência e inspirar confiança." Martins tem tudo isso e muito mais.

ANIMANDO CRIATURAS

Para os filmes de Harry Potter, as criaturas foram concebidas por artistas de desenvolvimento, então suas imagens foram convertidas em maquetes tridimensionais, com cores completas e texturas. As maquetes foram escaneadas para os artistas de efeitos visuais trazê-las à vida com movimento e expressão. *Animais fantásticos e onde habitam* ultrapassou grande parte desse processo indo diretamente de conceitos bidimensionais para versões digitais tridimensionais. Para esse fim, os artistas visuais foram chamados no começo do filme. “Tivemos muita liberdade criativa desde o início”, conta Pablo Grillo, o supervisor sênior de animação da Framestore. Grillo estava no comando do movimento, performance, ação e design de muitos dos personagens. “David [Yates] viu , desde o início, o valor em trazer a equipe de animação para desenvolver as criaturas. Havia quase um nível alarmante de confiança em nós e na equipe”, ele comenta, rindo. “Fomos encarregados de supervisionar como os animais iriam se transformar em personagens reais, e não apenas as imagens planas que desenhamos.” Por muitos meses, os animadores criaram situações para as criaturas e momentos engraçados com Yates e com os produtores antes de selecionar o grupo que chegou ao filme. “A partir daí, pudemos começar a formular comportamentos e piadas visuais; pequenas peculiaridades que realmente esclareciam o roteiro final, e os construímos em figuras grandes. Foi um processo incrivelmente satisfatório como um todo, em especial por causa dos desafios que nos foram propostos.”

PARA CRIAR ANIMAIS VEROSSÍMEIS, A MAGIA SEMPRE ESTÁ CENTRADA EM REALISMO

“DAVID [YATES] VIU, DESDE O INÍCIO, O VALOR EM TRAZER A EQUIPE DE ANIMAÇÃO PARA DESENVOLVER AS CRIATURAS”

– PABLO GRILLO

RECURSOS DA VIDA REAL

Para inspiração, as referências fotográficas foram recolhidas de possibilidades do mundo real, incluindo toupeiras, ornitorrincos e equidnas. “E reunimos recursos de vídeo de animais usando as mãos”, diz Grillo. “Ornitorrincos são muito encantadores, constantemente se agitando e vasculhando o limo e a areia para achar o que comer.” Outra referência em vídeo foi a de um ratel. “Achamos grandes filmagens de um ratel na África do Sul saqueando uma casa”, conta o supervisor de efeitos visuais Christian Manz. “Era apenas um desejo insaciável por comida, passando por geladeiras e armários. Muitos desses traços animais do mundo real foram incorporados no Pelúcio. É por isso que o considero tão bem-sucedido, porque ele é todas essas coisas.”

Grillo também pediu para os animadores verem no YouTube compilações de vídeos de “fails” de animais. “Primeiro, porque eram muito engraçados”, ele admite. “Mas também são uma visão brilhante da psicologia animal, que é diferente da dos humanos. Frequentemente, esses animais querem saltar por sobre um buraco ou um espaço e eles erram ou calculam errado. É um conflito entre seus desejos e o que o corpo deles consegue fazer. Acho que é esse o charme da coisa — a trapalhada dessa fisicalidade justaposta ao desejo.”

DESIGN GRÁFICO DO ANÚNCIO POR MINALIMA

APANHANDO UM PELÚCIO

"Quem é o Pelúcio?" pondera Eddie Redmayne. "O Pelúcio é a perdição da minha vida. Ele é uma das minhas criaturas favoritas, mas causa carnificina." Ao ir atrás do Pelúcio, Newt e Jacob acabam dentro do cofre do banco e quase são presos por assalto pelo Sr. Bingley. Não era nada do que Newt ou Jacob precisavam. "Tudo corre de forma terrível e esse catalisador desencadeia uma quantidade insana de eventos que causam todo tipo de caos", diz Redmayne. "O Pelúcio tem uma personalidade tal que Newt não pode deixar de amá-lo, apesar de só causar problemas. Preciso dizer que tenho certo favoritismo por ele."

A sequência do banco foi conduzida pela relação entre Newt e o Pelúcio. Os animadores precisavam comunicar rapidamente que o Pelúcio era famoso por fugir e bater carteiras, e que Newt estava tentando capturá-lo. Os dois têm uma história juntos e, portanto, sua interação devia revelar que eles se entendiam. Esse objetivo foi conquistado com algumas olhadas entre eles e uma familiaridade em seus movimentos.

"E como ele iria dar uma volta pelo ambiente sem ser detectado?" Pablo Grillo indaga. "Como conseguiria escapar de Newt? Você se torna o Pelúcio em certo grau." Na verdade, ele *literalmente* se tornou Pelúcio em alguns momentos. Durante as filmagens, Grillo, junto com muitos titereiros, trabalhou diversas vezes com uma representação da criatura enquanto as sequências eram encenadas. Durante os ensaios, esses títeres proporcionavam linhas de visão adequadas, e também interagiam com os atores, a fim de que eles compreendessem o tamanho, a forma, o movimento e, o mais importante, a personalidade do animal.

Enquanto estão no cofre, Newt tem que tomar do Pelúcio todos os objetos brilhantes e cintilantes que ele coletou. Em sua pesquisa para o papel, Redmayne passou algum tempo com uma zoóloga que estava trabalhando com um tamanduá filhote. "O animal se enrolava em uma bola e, para fazê-lo relaxar, ela fazia cócegas na sua barriguinha", conta o ator. "Há um momento em que o Pelúcio se envolve completamente em coisas brilhantes, e Newt quer que ele solte as joias. Para isso, acaba fazendo cócegas no animal."

MURTISCO ATACA NÃO-MAJ

Quando Jacob Kowalski volta para o apartamento na Rivington Street, nº 435, descobre que a maleta que trouxe para casa não é dele quando as travas se abrem e ouve barulhos estranhos de grunhidos. A maleta se abre e um Murtisco nervoso o ataca.

Sintomas de uma mordida de Murtisco em bruxos incluem coceira e menor resistência a maldições e feitiços. Não-majs que são mordidos experimentam suor em profusão, com uma reação mais séria indicada por chamas saindo do ânus.

O Murtisco é descrito como um rato com uma anêmona nas costas, o que facilitou bastante o trabalho dos artistas. "Suponho que não haja muitas possibilidades para um ser semelhante a um rato com uma anêmona-do-mar nas costas", brinca o artista Dermot Power. O artista visual Paul Catling precisou de apenas uma tentativa para acertar o design.

CONTINUAÇÃO DA PÁGINA 12

banco. "Eu estava realmente inspirado por muitos filmes de Buster Keaton e Charlie Chaplin dos anos 1920", confessa Yates, que descreve o Pelúcio como "um belo e estranho tipo de furão bochechudo que adora coisas brilhantes e tem um relacionamento muito complicado com Newt. Newt está sempre correndo atrás dele em todos os lugares, e o Pelúcio está sempre tentando fugir."

PIERRE + PABLO = BONECOS

A equipe de adereços de Pierre Bohanna fez uma série de bonecos para serem usados na produção. Alguns eram feitos com formas independentes para serem reposicionados durante uma cena. Outros foram feitos de silicone e usados como dublês. E havia versões simples de fantoches de mão que funcionavam como "substitutos" para as criaturas. "Meu medo era em fazer muitas cenas em tela verde, porque tenho uma imaginação bastante dispersiva", admite Redmayne. "Mas foi uma maravilha, na verdade. Tive a sorte de trabalhar com bonecos surpreendentes e com Pablo, que não só projeta as criaturas como também é um ator maravilhoso."

DESIGN GRÁFICO DO ANÚNCIO POR MINALIMA

O CASO DAS MALETAS TROCADAS

SEM QUERER, JACOB KOWALSKI E NEWT SCAMANDER TROCARAM AS MALETAS DO LADO DE FORA DO BANCO ENQUANTO JACOB ESCAPAVA DA SITUAÇÃO CONFUSA.

Jacob retorna ao seu apartamento, abalado depois de tudo o que aconteceu naquela manhã. "Aí abro o que penso ser minha maleta e liberto todas aquelas criaturas", conta Fogler. "Uma após a outra no meu apartamento, quebrando as paredes, e é quando o Murtisco me morde."

Newt e Tina Goldstein, uma bruxa que estava seguindo Newt no banco, estão tentando rastrear Jacob para lançar nele um Feitiço de Memória, *Obliviate*. Os dois chegam no meio da destruição causada pelas criaturas que escaparam da maleta de Newt. "Quando Newt me encontra", Fogler continua, "ele percebe que: 'Não só tenho de recuperar todas essas criaturas como agora tenho de cuidar desse não-maj, porque ele pode morrer, porque foi mordido por essa coisa'. Assim, sou levado junto na aventura de tentar recolher todas as criaturas e voltar para casa em segurança."

Jacob Kowalski é o primeiro personagem de destaque nas histórias do mundo da magia de J.K. Rowling que é não-mágico. "Você pode imaginar entrar no mundo da magia como alguém que nunca testemunhou ou experimentou magia antes?", questiona o produtor David Heyman. "Essa sensação de que é maravilhoso, essa sensação de quão extraordinário é, pode ser compreendida e vista por meio de Jacob."

"Jacob é o inocente neste mundo", diz Rowling. "Ele se envolve acidentalmente com esse bruxo [Newt], e então está junto num passeio louco do qual não deveria participar."

"Um dos aspectos mais deliciosos da história é que, em última instância, você é levado junto com Jacob, que cai nesse mundo extraordinário", diz o diretor David Yates. "E nós *somos* Jacob. Experimentamos muitas dessas coisas do seu ponto de vista, que é um ponto muito bom, na verdade."

Yates lembra que Jacob foi um papel difícil de escalar até Fogler aparecer. "Dan foi o único cara que leu o texto de Jacob e nos surpreendeu. Nós tínhamos muitos atores que fizeram versões bem diretas de Jacob, então Dan veio e inverteu. Ele deixou tristes coisas que deveriam ter sido engraçadas e deixou engraçadas quando deveriam ter ficado tristes. Esse dom e essa qualidade nos fez dizer: 'Uau, ele vai roubar a cena'."

O ator Dan Fogler não tinha dúvida de que ele poderia se relacionar com seu personagem. "Eu *sou* Jacob, sabe. Eu sou Jacob entrando nesse mundo mágico. Eu era como uma criança em uma loja de doces."

DELÍCIA AUTÊNTICA

Dan Fogler tem outro motivo para pensar que foi o destino que o fez assumir o papel de um padeiro no filme. "Eu conhecia todos os nomes das ruas que estávamos percorrendo, e conhecia muito bem o personagem, pois meu avô era padeiro", explica Fogler. "Ele tinha o melhor *pumpernickel* de Nova York; era famoso por isso." Fogler acredita que o legado de sua família é uma razão contributiva para sua conquista do papel. "Porque viram a minha fita e disseram: 'Oh, este cara conhece o personagem'. Pois ele está muito no meu sangue."

TALVEZ O JORNAL NÃO-MAJ *CLARION* TENHA "NOTÍCIAS CONFIÁVEIS"?

O JORNAL *CLARION* CONTINUA IGNORANDO OS SEGUNDOS SALEMIANOS

O *New York Clarion*, jornal local não-maj, de propriedade e dirigido por Henry Shaw Sr., pai do senador de Nova York Henry Shaw Jr., nega a legitimidade da Sociedade Filantrópica do Novo Salem apesar dos protestos do filho mais novo de Shaw, Langdon.

Langdon Shaw, interpretado por Ronan Raftery, está convencido de que descobriu algo muito estranho acontecendo na cidade. "Ele está tentando espalhar a notícia de que a causa dos distúrbios são bruxas e bruxos", explica Raftery. "Ele quer que as pessoas compreendam por que estão acontecendo todas essas coisas estranhas na cidade, mas ninguém o escuta, então sou uma figura muito frustrada na maioria das minhas cenas!" Raftery criou uma história de fundo para Langdon, que não é vista no filme, na qual ele tem contato com a Sociedade Filantrópica do Novo Salem. "E Langdon acredita em tudo o que eles têm a dizer. Por isso levo a história para o meu pai, um magnata da comunicação incrivelmente poderoso, para convencê-lo a imprimi-la, para que ele conte ao mundo o que está acontecendo na cidade."

O pai de Langdon, Henry Shaw Sr., é interpretado pelo ator veterano Jon Voight. Henry Sr. não escuta o filho mais novo — ele está mais preocupado com Henry Jr. ser reeleito para o Senado. Josh Cowdery faz o irmão mais velho que não tem as mesmas atitudes do caçula. Até onde é da conta de Henry Jr., "Sou o filho preferido, o garoto de ouro", explica Cowdery. "Ronan interpreta o irmão mais novo que comete todos os erros e se envolve em todas as coisas erradas. Ele quer provar seu valor trazendo esse grupo antibruxos que está tentando se aproveitar da influência do jornal. É um momento bastante estressante para nós", Cowdery continua, "então Langdon traz a família Barebone. Estamos em lados opostos, o mundo fundamentado e não-mágico contra a crença na magia. Dá para ver imediatamente que esses dois grupos não são amigos." Henry Jr. inconscientemente comete um erro maior que o do irmão quando fala com desdém para os Barebone saírem e chama Credence de "aberração".

SEGUNDO SALEMIANO
SOB A ASA DA MÃE

Credence Barebone é um "excluído e incompreendido", diz David Yates, "que tenta encontrar seu lugar no mundo, que tem habilidades muito especiais e coisas muito especiais acontecendo". Nesse sentido, Credence soa um pouco como Harry Potter, mas ele não poderia ser mais diferente. Colin Farrell, cujo personagem, o auror Percival Graves, tem um relacionamento intrigante com Credence, descreve-o como: "um rapaz que, como muitos jovens, parece perdido na vida, como se o mundo fosse um mistério para ele, como se ele mesmo também fosse um mistério para si. Graves está assumindo a liderança e há um pouco de orientação, um pouco de apoio e ternura, e também um pouco de manipulação".

Credence sofre abusos regularmente da mãe, que o chicoteia com um cinto e o lembra de que sua mãe verdadeira era uma mulher perversa e antinatural. "Todos nos vemos lutando com um trauma", diz Ezra Miller, "e vemos pessoas que lutam de formas mais agudas e severas. Para mim, foi importante explorar a escolha difícil de como esse trauma vai se manifestar no resto de sua vida. Se essa ferida será uma bênção ou uma maldição."

"Acho excepcional que algo possa vir de um mundo de fantasia e realmente tocar num assunto tão doloroso e tão delicado. Para mim, a oportunidade de encarnar isso tanto da perspectiva mágica quanto da humana é um presente incrível." Miller continua: "Penso que não tem como fugir de quem se é. Bem, é possível, mas, quando isso te alcançar, haverá grandes consequências".

Para Credence, "Eu realmente queria que ele quase fosse como alguém que tivesse sido puxado", explica Colleen Atwood. Ela aplicou o que chamou de "tacanhez" às roupas dele, dando-lhe um colarinho alto e apertado; um aperto nos ombros e um leve formato de inseto para sua jaqueta. Calças listradas apertadas foram adicionadas e deram ao personagem "uma estranha forma de marionete". Credence e Jacob são os dois únicos personagens do filme que não têm casacos, o que Atwood fez de propósito. "Há certa pobreza em não usar um casaco no frio, e gostei muito disso para Credence."

FORA DE MODA

Embaixo do chapéu estilo pork-pie de Credence há um corte de cabelo incomum. "Encontrei uma foto num livro francês de retratos", Atwood recorda. "É quase como se alguém raspasse a parte de trás da cabeça com uma tigela na frente, mas com uma franja. Eu o mostrei a David [Yates] e falei: 'Sei que está por aí, mas adoraria que Credence tivesse este corte de cabelo'." Yates amou.

Sob o traje completo de Credence há ainda outro item. "Porque tenho certeza de que você quer saber se estou usando roupas íntimas dos anos 1920 sob a fantasia", provoca Ezra Miller. "Só para mim, de forma que eu saiba que é real. Só queria compartilhar isso", ele diz com uma risada.

"INFESTAÇÃO" DE GIRA-GIRAS INTRIGA CIDADÃOS

Enquanto Newt e Tina se dirigem para recuperar a maleta, ele nota um gira-gira circulando pelas ruas de Manhattan, incomum visto que a espécie é originária da Austrália. O gira-gira é um inseto que voa rápido e tem uma elétrica cor azul-safira. Ferrões secos deles são úteis em poções medicinais.

O gira-gira escapou da maleta, mas não passou despercebido. Parecem ter dois modos diferentes de voo, um como o de uma libélula, outro como um helicóptero. Os animadores observaram libélulas e beija-flores como referência. O conceito transformou as asas em um propulsor. "Desenhamos uma varejeira do tamanho de um beija-flor", explica o supervisor de efeitos especiais Christian Manz. "Mas não voa por aí como um helicóptero." Moscas, que limpam as próprias patas, também foram referências, pois o gira-gira se limpa enquanto voa.

O QUE OS NÃO-MAJS USAM PARA IR PEDIR UM EMPRÉSTIMO NO BANCO?
VER O CORTE KOWALSKI NA SEÇÃO C, PÁGINA 39

UM SIMPLES AZARÃO

A RELAÇÃO ENTRE JACOB E NEWT MUDA À MEDIDA QUE A HISTÓRIA AVANÇA.

No começo, Fogler pensou em Jacob como o guia de Newt. "Eu sou seu guia na cidade, porque ele não conhece muito bem Nova York." Fogler depois começou a pensar neles como Sherlock e Watson ou Dom Quixote e Sancho Pança. "Um pareamento clássico e icônico", ele descreve. "É um desses arquétipos clássicos e icônicos. Newt é um peixe fora d'água. Ele é muito cerebral, como um Charles Darwin com suas criaturas, e Jacob é o trabalhador que conhece as ruas. Assim nos equilibramos."

"Depois, descobrimos que ele não é um idiota comum", Fogler acrescenta. "No seu cerne, é um simples azarão atrapalhado, sabe, um cara amável. Mas, conforme os acontecimentos se sucedem, percebemos que ele é realmente bastante único." Jacob também é um catalisador para Newt sair de sua reclusão. "Newt esteve nas selvas e em ambientes inóspitos e se comunica bem melhor com as criaturas do que com as pessoas", explica Fogler. "Basicamente, eu o ensino a ser uma pessoa ao interagir com outras pessoas. E Newt me apresenta esse incrível e fantástico mundo mágico."

"Jacob é apanhado na confusão, mas tem o melhor coração", diz Eddie Redmayne. "Ele traz realidade à coisa. Ele é o olhar da audiência quando é puxado para este mundo."

"Jacob simplesmente ama deixar as pessoas felizes", observa Fogler. "E adora cozinhar e fazer pães e doces para todos. Sabe, ele pode não ser capaz de fazer magia, mas faz um docinho que deixa qualquer um louco. Então ele *é* mágico."

SEÇÃO B

ASSUNTOS DO MACUSA

PERCIVAL GRAVES AO PÚBLICO: ISSO NÃO É GRINDELWALD

Apesar do Nível de Ameaça de Exposição da Magia ter aumentado, Percival Graves, auror, diretor de Segurança Mágica e chefe do Departamento de Execução das Leis da Magia, afirma que os terríveis ataques contra a cidade não são obra de Gellert Grindelwald, o perigoso bruxo das trevas que atualmente está em liberdade. Graves afirmou: "Nenhum ser humano poderia fazer o que essa coisa é capaz de fazer".

"Graves está perseguindo de forma bem proativa este mistério que está provocando caos na cidade de Nova York", explica o ator Colin Farrell, que interpreta um personagem tão enigmático quanto essa força desconhecida. "Nós não sabemos no início do filme se é uma besta, um espírito, uma entidade ou outra coisa. E, antes que aconteça uma guerra entre não-majs e seres mágicos, ele quer encontrar essa criatura destruidora e tirá-la de cena."

Além da força desconhecida que está causando destruição na cidade, Graves também está consciente das maquinações da Sociedade Filantrópica do Novo Salem. "Mary Lou Barebone é militante no modo como demonstra sua vontade, e não sua mensagem, porque sua mensagem é de intolerância", Farrell observa. "É uma intolerância contra aqueles que têm magia, por isso é perseguição. A personagem de Samantha Morton é a pessoa que está na vanguarda do movimento para banir, ilegalizar e expulsar, literal e fisicamente, todos os bruxos de Nova York."

"É UMA INTOLERÂNCIA CONTRA AQUELES QUE TÊM MAGIA, POR ISSO É PERSEGUIÇÃO"
– COLIN FARRELL

Farrell descreve seu personagem como "muito acima na cadeia de comando, não para investigar, controlar e conter qualquer um ou qualquer coisa que estiver mexendo com Arte das Trevas, mas qualquer coisa que atue em detrimento do povo mágico". Graves se envolve no caso de um ataque contra bruxos ou contra não-majs da mesma forma, ele confirma. "Mas é principalmente a manutenção, a proteção e o sustento das leis que estabelecemos na América do Norte para proteger a magia. Ele é altamente qualificado. É incrivelmente bem treinado e poderoso. Ele seria muito respeitado. Ele teria informações sobre fatos e figuras do círculo interno às quais muitas pessoas não teriam acesso."

"Então, o personagem de Eddie, Newt Scamander, entra em cena e a história se desenrola a partir daí."

INCUMBÊNCIA SECRETA

Farrell cita o Estatuto de Sigilo Internacional, sob o qual a comunidade mágica vive em segredo e sigilo, "quase [como] uma negação de nossa própria existência em relação aos não-majs, em relação à cidadania comum", ele diz. "Agora, há algo acontecendo em Nova York que ameaça expor o mundo da magia, e cabe a mim e à presidente Picquery descobrir o que está por trás disso. Bem, eu atuo de uma forma mais ativa nas ruas."

ENTÃO, QUEM É O JOVEM, QUAL É O SEU PODER, E POR QUE GRAVES ESTÁ ATRÁS DELE?

A VISÃO

E o não-maj que Graves encontra é bem inesperado: Credence Barebone, filho adotivo da líder da Sociedade Filantrópica do Novo Salem. Graves pediu ajuda a Credence para encontrar uma criança bem especial, uma de imenso poder. Teve uma visão de que Credence é quem ganhará a confiança dessa criança. Credence, explica, é a chave.

Graves sabe que Credence está interessado em se juntar ao Mundo da Magia, embora não tenhamos qualquer evidência de habilidade mágica no jovem. Mais tarde, Graves ergue a esperança do rapaz, dando-lhe um pingente familiar e mágico com o símbolo das Relíquias da Morte. Este símbolo representa três itens que, quando juntos, podem tornar o bruxo que os possuir um mestre da morte. Quando ele encontrar a criança, ele explica a Credence, tudo o que precisa fazer é tocar no símbolo e Graves virá até ele. Faça isso, diz Graves, e será respeitado entre os bruxos. Para sempre.

Afinal, quem é essa criança, qual é o seu poder e por que Graves a procura? Farrell trabalhou com David Yates no design do personagem. "Graves trabalha onde ele tem trabalhado há muitos anos", conta Farrell, "por isso, se houvesse alguma coisa errada, muito significativamente errada, em seu comportamento, qualquer coisa alterada, poderia haver algumas pessoas muito inteligentes no MACUSA que soariam alarmes. Sem o conhecimento daqueles que o cercam, os ideais políticos e sociais de Graves estão em desacordo ou são muito abrasivos para aqueles que o cercam diariamente. Sua verdadeira ideologia é algo que talvez não se assente bem nos salões sagrados do MACUSA".

«« FAÇA UM TOUR PELO MACUSA »»

O BELO SAGUÃO DO MACUSA

Para aqueles que estão familiarizados, a entrada e a fachada do MACUSA, que fica em um prédio não-maj, o Edifício Woolworth do centro, pode ter uma ligeira semelhança com o estilo arquitetônico do castelo de Hogwarts; os dois estão repletos de arcos góticos. A semelhança acaba aí.

“É diferente do Ministério da Magia em Londres no sentido que o mesmo edifício é ocupado em diferentes dimensões”, explica a produtora e roteirista J.K. Rowling. “É um prédio trouxa até que você descubra a entrada certa. Então ele muda e você está dentro do MACUSA.”

Rowling visitou a cidade de Nova York em busca de inspiração para *Animais fantásticos e onde habitam*, e foi imediatamente tomada por um dos marcos mais icônicos da cidade. “Estive no Edifício Woolworth e ele ficou na minha imaginação”, diz Rowling. “Quando eu estava procurando a sede do MACUSA, pensei no Edifício Woolworth e olhei as fotos.” No topo do arco de entrada para o prédio, há uma coruja de pedra. “É apenas acaso, mas às vezes você pensa, *aah*, é por isso que a coruja está lá”, brinca Rowling. “*É claro* que é por isso que a coruja está lá.” O designer de produção Stuart Craig também visitou o prédio e notou a coruja. “Jo tinha investigado diligentemente sua Nova York desse período. Ela deve ter visto isso e pensado: ‘Eureca!’. Esse edifício começou a ser construído em 1905, e vê-lo de perto é bastante impressionante.” Para continuar o acaso, Craig escolheu o estilo gótico como princípio orientador do mundo de Harry Potter, e o Edifício Woolworth está fortemente decorado com gárgulas, salamandras (que, assim como as aves fênix, sobrevivem ao fogo) e arcos lobulados.

Quando foi terminado, em 1913, o Edifício Woolworth era o mais alto da cidade, com mais de 220 metros. “Por dentro, não era muito interessante”, diz Craig, “então eu tinha que pensar nisso, para realmente elevá-lo a algo… bem, em última análise, a algo mágico”. A solução de Craig? Eliminar os andares. “Há um andar acima do nível da rua que abre lugar para um pátio enorme, e depois não existem mais pisos. O saguão é um espaço aberto, todas as janelas estão expostas, e é uma ampla catedral de luz.” Isso lembrou a Craig da Catedral de Siena na Itália, onde o interior é uma união de cores luminosas e escuras.

> **“FAIXAS HORIZONTAIS DE MÁRMORE EM DUAS CORES CONTRASTANTES RESULTARAM NO QUE PENSO SER UMA IMAGEM BASTANTE FORTE”**
>
> **– STUART CRAIG**

O MEMORIAL DE SALEM

RECORDANDO AQUELES QUE ILUMINARAM O CAMINHO

No saguão do MACUSA, há um memorial solene dos Julgamentos das Bruxas de Salem em 1692. Cinco estátuas de bronze imponentes estão em círculo, quatro adultos e uma criança, com expressões dolorosas. Suas mãos estão presas por cordas; seus pés estão despidos.

Carmen Ejogo, que interpreta a presidente do MACUSA, Seraphina Picquery, identifica o significado do memorial como reflexo da localização do filme: "Acredito que, ao colocá-lo nos Estados Unidos, você traz à tona o que é uma história muito recente, e de certa forma a América realmente não saiu daqueles tempos. Não faz tanto tempo que o Julgamento das Bruxas de Salem aconteceu de fato neste país, e isso é muito, muito ressonante nesta comunidade de bruxos e bruxas. Ter isso como pano de fundo criou uma atmosfera e um mundo que parece ainda mais palpável."

Em cima das colunas, ao lado do memorial, estão quatro fênix de ouro, símbolos de renovação. As estátuas e os pássaros foram esculpidos por Bryn Court.

DESEJA UM POLIMENTO

EM SUA VARINHA?

"Ao descer as escadas em direção ao saguão principal do MACUSA, há um polidor de varinhas que opera como um engraxate, tirando o fato de que não dá polimento em sapatos, mas em varinhas", diz Stuart Craig.

"[MACUSA] é quase como um saguão, como o de uma estação", explica o modelador de adereços Pierre Bohanna. "Stuart queria colocar algo ali no estilo do período. Daí veio com a ideia de um simulacro de um estande de engraxate, mas para polir varinhas. Um elfo doméstico que ficava sentado em uma grande máquina industrial de polimento, agarrando varinhas e as polindo."

Uma roda de polimento faz a limpeza básica, tirando a maior parte da sujeira, depois uma roda de penas de avestruz grande e macia termina o serviço. "O elfo doméstico que opera a máquina coloca a varinha nas grandes rodas de penas e afunda o braço lá", diz Craig. "Quando retira, o braço está brilhante. Na verdade, não é muito mágico, mas é encantador. Olhamos o tempo todo para pequenos acessórios mágicos que podem dar um toque exótico aos procedimentos. É uma coisinha agradável e gosto muito disso."

DESIGN GRÁFICO DO ANÚNCIO POR MINALIMA

MEDINDO O NÍVEL DE AMEAÇA DE EXPOSIÇÃO DA MAGIA

Pendurado de forma proeminente no saguão do MACUSA há um tipo de barômetro de quatro lados que mede o risco de magia ser exposta aos não-majs e que mantem um registro de caça às bruxas, memórias apagadas e exposições. Criado pelo Departamento de Segurança Mágica, o ponteiro no indicador aponta para SEVERA: ATIVIDADE INEXPLICADA.

"É quase como um relógio de uma estação", diz a designer Miraphora Mina. "Tem cerca de dois metros de diâmetro em cada face, com um toque de bronze." Mina e Eduardo Lima, chefes do departamento de design gráfico, pesquisaram relógios históricos de prefeituras e outros dispositivos mecânicos construídos no Renascimento para elaborar a aparência. Além da face do mostrador, a equipe gráfica também fez o projeto dos ponteiros, que foram entregues ao departamento de suporte e virou um arquivo vetorial. Com isso, os modeladores poderiam fazer um adereço 3-D. Trabalhando juntos, os departamentos de adereços e gráfico criaram mostradores reais e controles para o mecanismo.

RECRUTAMENTO DO MACUSA: CONHEÇA OS DEPARTAMENTOS

LUMOS: ESCRITÓRIO FEDERAL DE PERMISSÃO DE VARINHAS

Um lugar para conseguir um emprego no MACUSA é o Escritório Federal de Permissão de Varinhas. Trata-se de um trabalho muito importante, já que todos os estrangeiros devem ter permissões para usar varinhas em Nova York. Este escritório está situado em uma localização única nos escritórios do MACUSA.

"O desafio [para o MACUSA] era ser diferente e fresco de algum modo", diz Stuart Craig, "e decidi que era nos pisos do porão que o trabalho seria feito. Há um escritório de registro de varinha, um grupo de digitação e celas de prisão. Quanto mais longe você vai, mais servil é o trabalho e mais terríveis são as condições." Na verdade, no roteiro J.K. Rowling descreve o Escritório Federal de Permissão de Varinhas como "um apertado quarto de porão sem ar. Um contraste doloroso com os pisos superiores. Claramente, o lugar onde trabalham todos os proletários".

O design de set de Anna Pinnock foi baseado em "escritórios de vastas corporações de Nova York com pisos tomados por funcionários datilógrafos que, como era típico nos anos 1930, usavam um sistema de tubos de sucção a vácuo para transferir documentos e mensagens por todo o edifício, de andar a andar. No nosso mundo, não há trabalhadores de escritório, e as máquinas de escrever magicamente digitam as respostas ao Permissão de Varinhas, que são magicamente dobradas e transformadas em ratos de origami".

Noventa e seis datilógrafos aparecem nas filas de mesas. Miraphora Mina e Eduardo Lima criaram a versão em papel do *memorandum rodentium*, bem como milhares de solicitações, montes de pedidos ainda fechados, respostas de permissões e envelopes de autorização, todos feitos à mão individualmente. Duas mesas pertencem às irmãs Goldstein, Tina e Queenie, o que reflete seus estilos diferentes. A mesa de Tina é ordenada e organizada, com apenas um ou outro papel fora de lugar. Já a mesa da Queenie acumula montes de documentos de permissão, pacotes de doces, maquiagens e até um kit de costura.

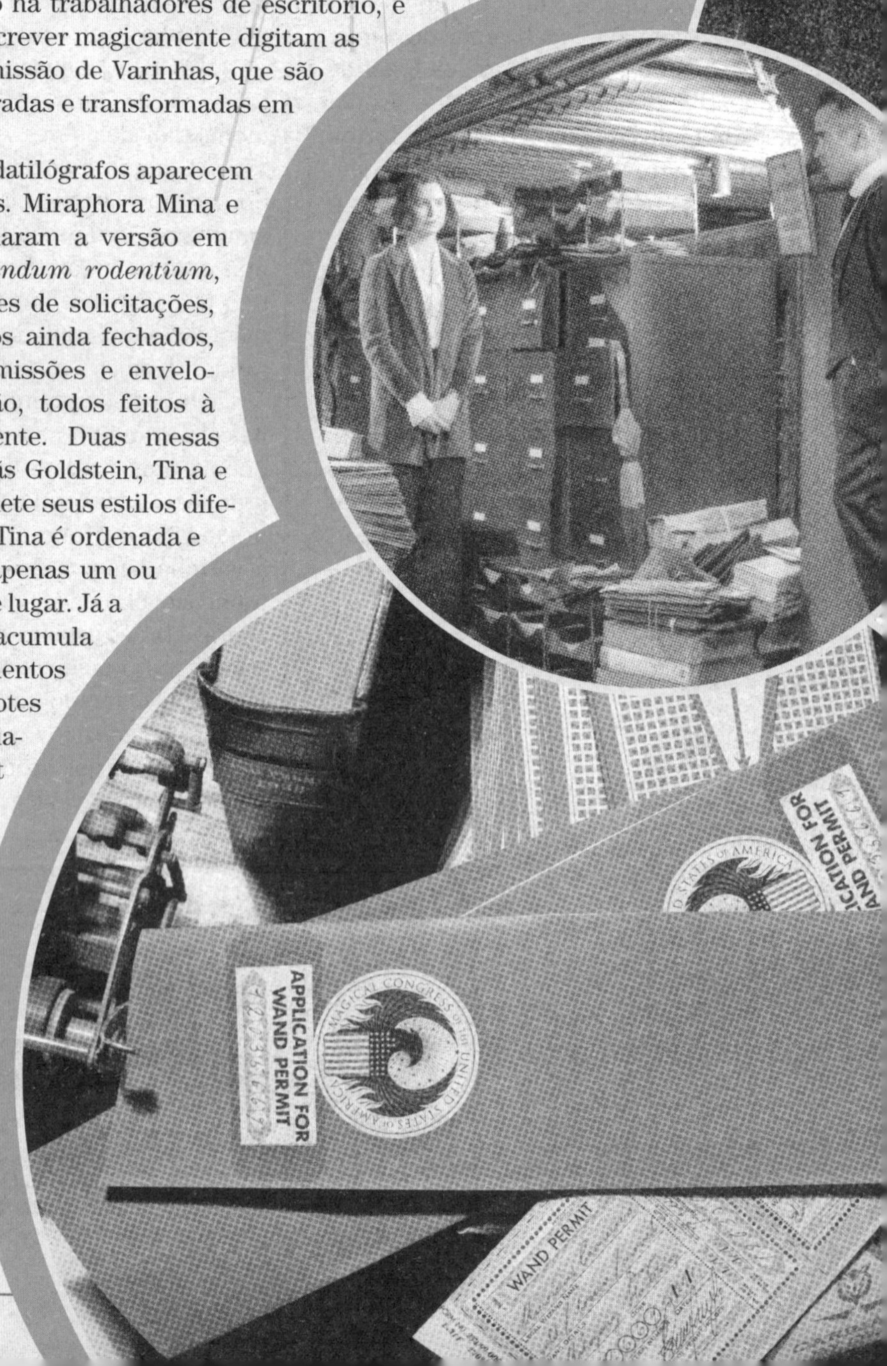

A AUTORIDADE DE ABERNATHY

O Escritório Federal de Permissão de Varinhas é comandado por Abernathy, interpretado por Kevin Guthrie. Abernathy é descrito como um "caxias pomposo" por Rowling, o que é evidente no modo como ele parece tratar Tina. Mas esse bruxo tem várias facetas — ele mostra um lado nervoso e incômodo quando está perto da irmã dela, Queenie, e um lado obsequioso limitado sempre que está perto de Percival Graves.

OS TRABALHADORES DO MACUSA

AS IRMÃS GOLDSTEIN

Porpentina Goldstein e sua irmã mais nova, Queenie, despacham e arquivam solicitações de permissões por bruxos estrangeiros em visita à nossa bela cidade, como é requerido. Tina entrou no MACUSA depois de se graduar na Escola de Bruxaria Ilvermorny e trabalhou como auror até que foi descoberta fazendo magia na frente de uma multidão de não-majs — os Segundos Salemianos, para ser exato —, causando um grande escândalo, já que lançou o feitiço *Obliviate* num número grande de pessoas. Depois desse episódio, Goldstein foi rebaixada e se tornou uma funcionária do Escritório Federal de Permissão de Varinhas.

“Ela adora as regras”, diz Katherine Waterston, que interpreta Tina. “E quer agir de acordo com elas. Tina tem uma verdadeira habilidade como auror, mas infelizmente, porque ela nem sempre lida com situações tão bem como espera, é retirada desse trabalho. Ela é boa no seu trabalho e, se conseguir retomar sua carreira, poderá um dia ser respeitada no MACUSA. Ela tem muito orgulho de fazer parte dessa organização e sonha em ser bem-sucedida. Mas, se alguém estiver com problemas, ela não consegue deixar para lá. Em última análise, havia algo mais importante para ela, e é por isso que a encontramos pondo selos em solicitações no porão.”

Ainda assim, Tina quebra as regras. “Acho que é bem tocante que a única coisa que vai tentá-la a se afastar da sua posição é

alguém em apuros", diz Waterston. "Mas, ao salvar um não-maj, ela se expõe como uma pessoa mágica."

Tina nota Newt Scamander enquanto ela sorrateiramente vigia os Segundos Salemianos em frente ao banco. Quando ela o vê pegar sua varinha e desaparatar com Jacob, percebe que, primeiro, ele é um bruxo e, segundo, está acontecendo algo que não deveria estar acontecendo. "Ela tem bons instintos", Waterston comenta com uma risada. "Tina não é um desastre total."

Quando Newt e Tina se encontram, "ela meio que está tolhida", diz Eddie Redmayne. "Porém, ela possui uma forte ética de trabalho e um desespero para provar seu valor." Quando confrontada com o fato de que Newt está trazendo suas criaturas para a cidade de Nova York, Tina tem que tomar algumas decisões difíceis.

"Com Newt e sua maleta, o problema principal é que é muito mais fácil esconder bruxos e bruxas do mundo não-maj do que esconder criaturas mágicas, especialmente aquelas que estão à solta na comunidade", ela explica. "Essa é a ameaça número um."

"TINA AMA AS REGRAS"
– KATHERINE WATERSTON

Waterston entende se tratar do mesmo princípio que teríamos se os animais do zoológico, como um leão ou um elefante, fossem largados no meio da cidade. "Seria um desastre", ela comenta. "Eles arrastam coisas, quebram coisas, poderiam prejudicar as pessoas. Durante a maior parte do filme, Tina está apenas imaginando o que de pior poderia acontecer."

E o pior que poderia acontecer inclui se expor à comunidade não-maj. "Nos Estados Unidos, como está estabelecido no filme, nos ensinaram que criaturas mágicas são uma coisa ruim", Waterston continua. "Não devemos tê-los nos Estados Unidos e certamente não à solta. Ela quase entra em pânico para recuperá-los." Em suas interações com os animais à medida que são rastreados e recuperados, Tina ganha uma melhor apreciação por elas e por Newt. "Quando chega a hora, ela novamente abandona as regras e ajuda alguém em apuros."

PERFIS PESSOAIS

VIVENDO COM UMA LEGILIMENTE

"HÁ UMA LINDA FALTA DE AUTOCONSCIÊNCIA SOBRE ELA" – ALISON SUDOL

Queenie Goldstein, irmã mais nova de Tina Goldstein, é uma legilimente nata. "Ela tem a capacidade de ler mentes", explica Alison Sudol, que interpreta Queenie. "E pode ler as pessoas. É uma magia dentro dela. Não é apenas ler os pensamentos de alguém", ela explica. "Ela pode ler a história da pessoa; pode ver os objetivos dela. Queenie pode literalmente ver tudo o que você não quer que seja visto, até o seu cerne."

Sudol continua: "Ela é basicamente uma empata mágica completa. Então, mesmo que possa fazer feitiços com sua varinha, muito de sua magia é interna, o que a torna um tipo diferente de bruxa".

"Queenie é constantemente subestimada", diz J.K. Rowling. Isso pode ocorrer porque sua aparência externa é muito suave e despreocupada. Ela brilha tanto com uma beleza interior quanto com uma exterior. Entretanto, as habilidades de Queenie não são infalíveis. "Ela nem sempre tira as conclusões certas do que está lendo", explica Rowling. "Ela ainda se engana sobre as pessoas."

Sudol descreve Queenie como "divertida, alegre e livre... e também há uma quietude sobre ela, porque sempre está se ajustando às pessoas. Como legilimente, Queenie é incrivelmente sensível, é claro. Mas ela também é um espírito brincalhão. Eu a acho ao mesmo tempo muito consciente e inconsciente de si. Está encantada de participar de uma aventura — coisas que assustariam a maioria das pessoas são apenas emocionantes para ela. Queenie é uma personagem bem interessante de interpretar, bem vívida e animada, ainda assim bem centrada e consciente".

O que as bruxas usam no Escritório Federal de Permissão de Varinhas?

CONFIRA O TRAJE GOLDSTEIN NA SEÇÃO C, PÁGINA 39

UM PASSADO TRISTE TORNOU AS IRMÃS FORTES

Queenie e Tina têm um vínculo muito profundo, pois ficaram órfãs em uma idade precoce. "Tina e Queenie são a família uma da outra", diz Alison Sudol. "Elas são tudo uma para a outra."

"A maneira como elas se relacionam é muito doce", comenta Katherine Waterston. "E, é claro, o que as deixou tão próximas foi algo muito, muito doloroso." O pai e a mãe das irmãs Goldstein morreram de varíola de dragão quando elas eram crianças. "Parece que é possível sentir, mais do que ver, o relacionamento delas. Eu realmente penso que é uma indicação da habilidade e da inteligência de Jo como roteirista, saber que você nem sempre precisa expressar a sensação nas falas. Amo muito como elas são o centro da vida uma da outra e cuidam uma da outra."

"VOCÊ NÃO PRECISA PROVAR O QUANTO AMA ALGUÉM SE AMA O SUFICIENTE"
– ALISON SUDOL

"É muito fácil para Queenie só amar Tina", Sudol afirma. "Entre as duas, há o tipo de amor que nada pode mudar, e é uma coisa muito bonita. Você não precisa provar o quanto ama alguém se ama o suficiente, e é assim que me sinto com Tina e Queenie."

Uma das primeiras cenas que as atrizes filmaram juntas foi quando Tina traz Jacob e Newt para o apartamento delas e oferece um jantar. "O que é incrível e insano a respeito de trabalhar em um filme", diz Waterston, "é que às vezes você acabou de conhecer uma pessoa e tem que se mover em um espaço com ela como se fizesse isso todos os dias. Então nós começamos a imaginar, bem, 'Como elas arrumariam uma sala juntas? Quem faz qual tarefa?'." Queenie parece estar fazendo a maior parte, senão todo o trabalho na cozinha. "Eu arrumava a mesa com a minha varinha", Waterston continua. "Desenvolvemos uma coisa supersticiosa do tipo jogar sal por cima do ombro, apenas para dar ao público uma sensação de vida conjunta." As irmãs também participam de algumas brincadeirinhas diárias e confortáveis, nas quais Queenie implica com Tina por ter almoçado apenas uma salsicha, e Tina rebate com um rápido "Não leia minha mente". Waterston descreve como "um jeito como bruxas irmãs pegam no pé uma da outra".

"O mundo delas é muito insular e privado", ela acrescenta. "Elas geralmente não têm nenhum convidado, então esta é uma exceção total, que adicionou outro nível à situação. Foi muito divertido descobrir como mostrar as experiências privadas e as novas ao mesmo tempo."

Embora a personagem dela seja a mais velha, Katherine Waterston sente que as duas cuidam uma da outra em momentos diferentes. "Sou um pouco mais o pai, e ela é um pouco mais a mãe. Queenie tem uma qualidade generosa e materna. Ela cozinha muito bem refeições elaboradas. E talvez, na sua solidão, as irmãs tenham caído naquela dinâmica na qual estou tentando ser a provedora da família e ela está cuidando das tarefas domésticas. Em certo nível, é um relacionamento retroativo: elas são a mãe e o pai que perderam. Também há aspectos das duas que penso serem subdesenvolvidos, porque nunca chegaram a ser filhas. Em outro nível, elas são como duas crianças em seu beliche, e talvez parte da jornada no filme seja apenas levá-las ao seu lugar de fato no mundo."

SEÇÃO C

A CASA E AS ROUPAS DAS BRUXAS

CENTENAS DE ROUPAS PARA O INVERNO

FRIO DE NOVA YORK

COLLEEN ATWOOD FOI INCUMBIDA PELO DIRETOR DAVID YATES DE CRIAR UMA AUTENTICIDADE AO PERÍODO.

"Ele queria um sentimento real da energia frenética de Nova York e a sensação de alguém de um mundo diferente vindo para este mundo", diz Atwood. "Um sentimento real de textura da explosão que é Nova York — de todos os tipos de pessoas vindos de todos os lugares do mundo para compor uma cidade."

Atwood estava extremamente animada para montar um set na década de 1920. "Foi um momento louco de excesso em todos os sentidos. A lei seca estava rolando, mas as pessoas bebiam e as pessoas faziam festas — era intenso. A intensidade da época me atraiu. Foi o início do jazz como uma forma popular de música. Adoro o cabelo, a maquiagem e o estilo."

Ela também achou que fazer as roupas dos extras foi uma parte interessante do processo de design. "Você pode fazer coisas em multidões que não pode fazer com os protagonistas; não é como se você estivesse criando um personagem que visse cena após cena. Há mais liberdade. Pode ser como algo grande, um destaque rápido ou alguma coisa diferente do que está fazendo com os protagonistas."

VESTIR OS EXTRAS

Para Atwood, os extras de fundo são tão importantes quanto o elenco principal. "Eu considero o fundo parte da história e me preocupo com os extras, especialmente em uma história como esta. Eles são a paleta que dá o tom para os protagonistas e para o mundo."

O ESTILO DE SERAPHINA

VISTA-SE COMO A PRESIDENTE DO MACUSA

A imponente Seraphina Picquery, presidente do Congresso Mágico dos Estados Unidos da América (MACUSA), exala um estilo poderoso em sua autoridade e em seu traje. Uma das roupas mais atraentes dela é o vestido que usa durante a reunião do Congresso Internacional dos Bruxos que acontece na Câmara do Pentagrama. O vestido longo e estruturado, com mangas em forma de sino e bainha estampadas com um emblema estilizado de Pássaro do Trovão, é descrito por Colleen Atwood como o "maior momento" de Seraphina.

Para o seu traje de dia a dia, Picquery, interpretada por Carmen Ejogo, usa um terno listrado de três peças, burocraticamente cortado, com jaqueta, colete e saia. Atwood percorreu o que ela chamava de "processo de descobrimento" para os trajes de Picquery, especialmente para as cenas finais, quando Seraphina e seus aurores batalham no metrô de Nova York. "Pensei que um vestido iria parecer estranho quando ela estivesse ao lado dos aurores, com seus casacos e calças de couro", diz a designer. "Assim, fiz uma versão de uma calça com uma saia na frente." Isso a faz se integrar, mas ainda a distingue das roupas dos aurores.

UM PROCESSO DE DESCOBERTA

As características marcantes do guarda-roupa da presidente são os enfeites de cabelo usados por Picquery. Em um rascunho inicial do roteiro, foi sugerido que ela era de um país da África. A partir daí, Atwood reuniu alguns conceitos, olhando os enfeites da África Ocidental, pensando, "Oh, são bem legais". Quando mostrou sua ideia, o diretor David Yates concordou de bom grado. "Ele disse que seria incrível para Seraphina." Atwood projetou um enfeite de negócios para uso em escritórios e no exterior, mas resolveu ser extravagante no que a personagem usa na Câmara do Pentagrama, um turbante repleto de camadas de flores douradas de seda.

Na opinião de Ejogo, "Colleen é um gênio absoluto. Ela sabe o que quer, mas também é muito aberta para ouvir ideias e incorporá-las; ela aprecia o fato de que os atores potencialmente também podem contribuir". Ejogo queria enfatizar que é canhota, "Então pensei que talvez vários anéis juntos pudessem ser um traço de Seraphina". Atwood amou a ideia, "e antes que eu percebesse, estava cheia de adereços!", diz Ejogo.

VISTA-SE COMO O DIRETOR DE SEGURANÇA MÁGICA DO MACUSA

COMO CHEFE DO DEPARTAMENTO DE POLICIAMENTO MÁGICO DO MACUSA, O RENOMADO DIRETOR DE SEGURANÇA MÁGICA — BRAÇO DIREITO DA PRESIDENTE PICQUERY —, PERCIVAL GRAVES SE VESTE PARA SUA POSIÇÃO E SEU PODER.

"Percival Graves é o melhor exemplo que se pode ter de um bruxo", diz Colleen Atwood, "por isso eu queria que seu guarda-roupa tivesse um nível de elegância dos anos 1920 com um toque de glamour e fantasia". Atwood queria lhe dar algum tipo de poder de alguma forma, e fez isso ao exagerar as coisas nele. "Dei a ele botas enormes e um ombro maior. Quis fazer uma coisa dândi e elegante, com colete, colarinho e suspensórios."

Atwood usou um tecido que mistura caxemira e Lurex. Lurex, como um pano, é tecido com fios metálicos que lhe conferem um brilho sutil. "Então tinha um pouco de brilho na roupa, mas não tanto a ponto de parecer extravagante. Apenas o suficiente para dar um tipo de qualidade de que eu realmente gosto."

"Meu traje era *legal*", diz Colin Farrell. "Um casacão comprido que quase chegava a ser um manto. Não é bem um manto, mas quase." Atwood vestiu o personagem com o que ela chamava de uma "cara clerical", em preto e branco. "Como o meu cabelo", brinca Farrell. "Mas tinha aquele tipo de sentimento sacerdotal que era mais do que apenas uma roupa. Era uma representação da estrutura de sua vida e de suas próprias ideologias e conjunto de crenças e de sua disciplina." Similar ao que se via com Severo Snape nos filmes de Harry Potter, Farrell notou que ele não tem troca de roupas. "Eu tinha uma opção: tirar ou manter o casaco."

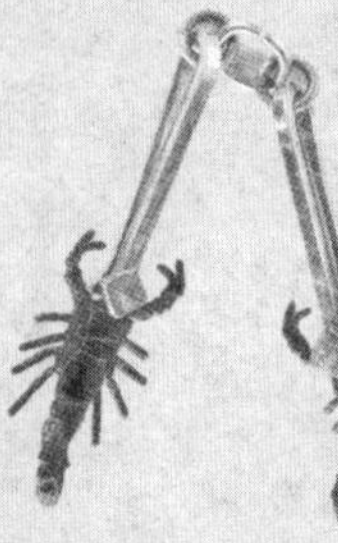

O TRAJE DE GRAVES

Graves usa o que pode ser considerado o mais parecido com as vestes que estamos acostumados a ver nos filmes de Harry Potter. "Eu não achei que precisava fazer uma veste para essa interpretação. Mas queria que seu casaco tivesse alcance", diz Atwood. "Conversei com Colin sobre o que ele faria no filme, como ele iria se mover, e projetei o casaco de modo a ser muito elegante, mas ainda tinha uma graça na bainha."

REPORTAGEM DE MODA:

O QUE ELES VESTEM NA REUNIÃO DE EMERGÊNCIA DA CONFEDERAÇÃO INTERNACIONAL DOS BRUXOS

A Confederação Internacional dos Bruxos, que se encontra na Câmara do Pentagrama do Congresso Mágico dos Estados Unidos hoje, apresenta embaixadores e administradores mágicos de países do mundo todo.

Houve ocasiões nos filmes de Harry Potter em que vimos o mundo mais amplo de bruxos trabalhando no Ministério, especialmente em *Harry Potter e a Ordem da Fênix*, mas a maioria dos trajes ressoou com o olhar dickensiano estabelecido por Judianna Makovsky em *Harry Potter e a Pedra Filosofal*. O encontro da comunidade internacional na Câmara do Pentagrama em *Animais fantásticos e onde habitam* forneceu uma oportunidade para exibir uma visão ainda mais multifacetada do mundo mágico.

"Há uma cena em uma câmara interna que lembra a Casa dos Lordes", diz Colin Farrell. "E deve ter havido ali duzentos atores e extras e figurantes que eram representantes do mundo todo, todos com trajes diferentes. Bruxos da Hungria, da Mongólia, Rússia, Tailândia, Paquistão, Irlanda. Foi incrível porque todos vestiam o traje culturalmente relevante usado pelas pessoas do país que eles representavam, mas com certo floreio mágico, então ficou um pouco mais bizarro. Colleen e todo o pessoal de guarda-roupa, cabelo e maquiagem fizeram um trabalho extraordinário."

"Eu estava bem feliz com o sucesso porque temia que [David Yates e David Heyman] pudessem retirar tudo, mas eles abraçaram a ideia", conta Atwood. "Eu tinha rédeas bem soltas. Eles definitivamente olharam tudo e consideraram tudo com muito cuidado, especialmente dos principais, mas eles amaram a aparência do MACUSA logo de cara."

"Colleen tem uma imaginação maluca", diz David Heyman com um sorriso, "mas também é uma verdadeira pesquisadora do design e da história das vestimentas, e acho que ela é capaz de combinar o excêntrico e o extraordinário com grande elegância, bom gosto e uma capacidade de ser relacionável."

David Yates estende o elogio com sua própria descrição: "Colleen Atwood: designer extraordinária, extraordinariamente bonita, personalidade forte, grande convicção, visão audaz, e é um prazer absoluto trabalhar com ela".

ROUPA DE CAMPO: O CASACO

O magizoologista Newt Scamander não usa uniforme, e sim um casaco muito distinto.

Quando a designer de moda Colleen Atwood começa a projetar um traje, ela pensa sobre o que chama de "o que está fora da página do personagem". "O personagem vem de algum lugar", ela explica. "[Newt] tem vivido nas selvas. Talvez ele adapte tudo para suas necessidades em seu próprio mundo, mas tem que se misturar com o mundo real." Para evocar essa ideia, Atwood usou a silhueta de 1920, mas fez as roupas dele um pouco incompatíveis e um pouco mal ajustadas, para dar uma sensação de estranheza ao personagem. Sua próxima consideração foi a paleta de cores.

"Há muito marrom no período. Eu queria separá-lo, mas ainda tenho de trabalhar dentro do universo do período, por isso escolhi um azul-pavão sujo para o casaco dele. E a cor tem o tom de muitas das suas criaturas fantásticas." Atwood tinha guardado em seu depósito durante anos o material que usou para o casaco de Newt antes de finalmente usá-lo. Doze casacos iguais foram costurados.

"O CASACO DE NEWT É UM ELEMENTO MASSIVO DO PERSONAGEM DE NEWT"
– EDDIE REDMAYNE

POTENCIAL DE BOLSO

Entre os primeiros conceitos de Atwood para o casaco estava a ideia de que talvez o casaco de Newt tivesse bolsos dentro e fora. "Ele manteria animais ali", Atwood explica. "E manteria alguns dos seus remédios e tratamentos perto de si." Atwood baseou-se em outra profissão que exigia um casaco especializado. "Pesquisei casacos de mágicos e como todos têm seus bolsos secretos — esse foi o meu ponto de partida para o interior do casaco. Quando se trata de tempo de tela, vemos muito pouco disso, mas foi divertido desenvolver com Eddie e brincar com a peça."

ELE O VESTE MUITO BEM

"A roupa de Newt é bem usada e amada", diz o artista têxtil Matt Reitsma. "Ele é um aventureiro, rodou o mundo, esteve em todo lugar. Então suas roupas realmente precisavam servir em seu corpo." Como parte de "destrinchar" o traje de Newt, as partes foram passadas a ferro muitas vezes para fazer com que as fibras se fixassem. "Colleen também é realmente apaixonada por 'encerar' tecidos, para dar-lhes flexibilidade e brilho; acho que ela é uma das poucas pessoas que usam essa técnica", acrescenta Reitsma. "Dá uma aparência luminosa estranha, às lãs em particular, o que é perfeito para o personagem de Eddie, porque ele usa um casaco de lã bem pesado. É realmente incrível ver a peça nele e ver o quão bem ela se encaixa no personagem."

"O casaco de Newt, de certa forma, é um elemento massivo do personagem de Newt", expressa Redmayne, "o qual Colleen e eu exploramos. Uma das coisas que amamos é que ele realmente só usa uma roupa durante todo o filme. Mas, conforme a história anda, o colarinho aparece e a barra das calças é enfiada dentro das botas. Ele tem uma qualidade nerd ligeiramente excêntrica que se transforma em um pouco mais, 'Oh, ele parece um pouco mais um aventureiro' ao fim do filme."

O TRAJE GOLDSTEIN:

O QUE AS BRUXAS USAM NO ESCRITÓRIO FEDERAL DE PERMISSÃO DE VARINHAS

É possível irmãs terem abordagens totalmente diferentes para moda? Não só é possível como ainda podem ouvir o miado de um Amasso.

"Tina Goldstein é uma dessas garotas que são um pouco desajeitadas, que se sentem *fora do lugar* com o corpo e um pouco sem jeito com as roupas", diz Colleen Atwood. A designer de moda também a descreve como uma garota moderna, por isso tomou a decisão de vesti-la com calças, o que, embora acontecesse, não era muito comum para o período. Atwood levou muito em conta o trabalho de Tina, ou o antigo trabalho, quando criou as roupas dela. "Ela tinha sido expulsa de um mundo do qual fazia parte, então fez parte desse mundo, mas não fazia mais. Assim, Tina usava elementos que os aurores usavam, daí as calças. Além disso, estava fazendo um tipo de 'investigação', um trabalho de espionagem disfarçado, então eu lhe dei um casaco com uma gola muito grande, em que ela poderia enfiar a cabeça."

"Queenie usa a magia de uma forma diferente", continua. "Tem uma energia diferente de Tina, e eu queria vesti-la de uma forma distinta." Para demonstrar essa diferença, Atwood vestiu Queenie em tecidos de seda macios em tons quentes de cinza e em um rosa-claro acessível. "Queenie era bem divertida", admite Atwood. "Tinha um casaco de tecido. O tecelão me disse que foi preciso nove mil metros de fio para fazer o casaco. Tudo de fio de seda, com todos os diferentes tons de cores de pêssego, e achei que parecia um pôr ou um nascer do sol. Havia um elemento de ar e luz de que eu gostava para Queenie." Atwood também projetou roupas íntimas para Queenie. "Apenas uma espécie de visão de um vestido de bruxa, mas com um tom de 1920 e um pouco divertido."

ESTILO NÃO-MAJ: O CORTE KOWALSKI

Esforçando-se para se qualificar para um empréstimo bancário a fim de concretizar o sonho de uma padaria, o não-maj Jacob Kowalski coloca a melhor roupa para dar uma boa primeira impressão.

"Jacob pode ser descrito como um bocó, no vernáculo da época", brinca Colleen Atwood. "Nós o conhecemos tentando pegar um empréstimo e contrastando com a maioria dos homens do tempo, que, mesmo os que não eram ricos, possuíam algum tipo de terno que os deixava apresentáveis. Bem, Jacob tem tão pouco dinheiro que só possui roupas usadas, mas, por causa da forma do corpo, elas não servem direito." Atwood escolheu tecidos mais macios que o normal para o período, pois poderiam facilmente cair. Há remendos nas peças surradas e os botões do colete não combinam.

"O terno de Jacob é amassado, enrugado, brilhante e exagerado", diz a artista têxtil Matt Reitsma, que "destrinchou" o traje de Dan Fogler. "Foi muito divertido pegar uma peça de roupa fina adaptada e dar personalidade, realmente torná-la da pessoa." "Colleen é brilhante", elogia Fogler. "Faz ficar muito bem. Você fica bem nas roupas, que ficam bem na tela, e Colleen também as usa para contar a história."

Canto do Cupido

"QUEENIE AMA JACOB" – ALISON SUDOL

"ELE É LEAL E AMA COZINHAR, E ELA AMA COZINHAR. ELE A FAZ RIR. ELE A RESPEITA. HÁ UMA SENSAÇÃO REAL DO CAVALHEIRISMO VERDADEIRO BEM À MODA ANTIGA."

LEMBRE-SE DA LEI DE RAPPAPORT

"Porque ela é capaz de ver dentro dele, Queenie vê como ele é bom sem concessões. É uma ótima dinâmica entre os dois que Jacob não consegue esconder nada dela — mas ele não tem nada a esconder, porque, mesmo quando diz algo que não quer dizer, ainda é ótimo."

"Queenie é um anjo", diz Dan Fogler. "Os dois começam a se apaixonar, e isso dá a Jacob um motivo verdadeiro para querer ficar por perto."

Infelizmente, as leis do período, especificamente à Lei de Rappaport, procura impedi-los de ficarem juntos. "O clima é que a comunidade bruxa não quer se misturar com os não-majs", explica Fogler. "Há leis estritas, especialmente em Nova York, dizendo que não podemos ficar juntos. É proibido. Eles acham que, se isso acontecer, tudo será revelado. Também espelha o racismo do período", Fogler continua. "É muito bonito como Jo [Rowling] faz um paralelo entre essas questões culturais difíceis."

Essas leis não são desconhecidas para aqueles que estão fora de Nova York e até mesmo dos Estados Unidos. Newt Scamander e Tina Goldstein discutem a questão quase imediatamente quando ela pergunta o que ele sabe sobre a comunidade bruxa na América. Ele chama a lei de não ter relações com pessoas não-mágicas de "retrógrada" e considera não poder se casar ou ser um amigo de um não-maj como "levemente absurdo".

COMPARTILHANDO AS MESMAS DIFERENÇAS

Alison Sudol revela a pegadinha que tem na mentalidade "a gente contra eles" entre bruxos e não-majs. "Eles estão sempre se misturando. Então é essa estranha sensação de viver com pessoas por quem você é fascinado, mas de quem não tem permissão para se aproximar, porque senão poderia colocar tudo em risco. Há certo fascínio e uma percepção de que a humanidade pode acessar: mesmo que eles sejam um pouco diferentes — nós podemos cozinhar com nossas varinhas —, ainda há algo muito em comum entre os dois mundos."

OS OPOSTOS SE ATRAEM?

Enquanto trabalham para recuperar os animais, Tina Goldstein e Newt Scamander desenvolvem um respeito mútuo… e talvez algo mais.

"É maravilhoso como, ao longo do filme, eles revelam pequenos pedaços de seu passado e certamente revelam uma grande parte de seu caráter um ao outro", diz Katherine Waterston. "Ao conhecer alguém, à medida que as coisas progridem você tem uma noção geral de quem a pessoa é. Meu senso a respeito de Newt no começo é que ele é perigoso e que não é confiável, e meio fofo também", ela diz com uma risada. "Conforme o relacionamento deles evolui, ela vê o que o está motivando e por que ele é do jeito que é." Waterston encontra paralelos entre os personagens dos dois que poderiam encorajar um relacionamento mais profundo. "Ambos são muito apaixonados pelo que fazem. Ambos são um pouco fechados, não são muito bons em se expressarem. Então você começa a ver as razões deles para terem ficado assim. Ele está muito isolado em seu trabalho. Ela se tornou a mãe de sua irmã, Queenie, porque as duas perderam os pais quando eram jovens. Então são essas duas pessoas que realmente não tiveram muito tempo para terem alguma *diversão*." Suas personalidades são ainda mais aparentes em contraste com as de Jacob e Queenie. "Eles são muito mais livres", Waterston continua, "e é nesse contraste que você vê como Newt e Tina estão presos. Os momentos em que começa a aparecer um pouco da essência deles são realmente emocionantes. E, à medida que o filme segue, isso acontece cada vez mais."

Canto da receita:

A Torta de Maçã de Queenie Goldstein

Um dos passatempos favoritos de Queenie Goldstein é cozinhar, e assim Miraphora Mina e Eduardo Lima, chefes do departamento de artes gráficas, encheram o apartamento das irmãs Goldstein com livros de receita, incluindo um de como cozinhar como um não-maj, chamado *Franks e feijões humanos* (publicado pela ML Books). O livro por acaso tem uma receita para uma das sobremesas favoritas de Jacob Kowalski: torta de maçã. Queenie prepara o doce quando Jacob e Newt Scamander são levados para a casa das irmãs por Tina. Mina e Lima até forneceram os rótulos para a farinha e o açúcar usados na receita.

Cenouras e batatas são cortadas antes de cair em um guisado fervendo, que é finalmente servido em tigelas de porcelana para a refeição principal. Pratos e tigelas saem dos armários para se juntar a garfos, facas e até mesmo velas que voam pela sala antes de arrumar a mesa. Maçãs são descascadas e cortadas, depois combinadas com passas e temperos antes de serem envolvidas em várias camadas de massa enrolada. A massa se eleva e se torce no ar antes de enrolar a sobremesa, acompanhadas de folhas que caem como borboletas, todas polvilhadas com uma porção generosa de açúcar de confeiteiro.

Os animadores se certificaram de que a torta estivesse cozida em um castanho crocante antes de pousar no centro da mesa. A tomada continha texturas e sombras que imitavam a aparência da torta enquanto flutuava pelo ar e, como a maioria das coisas assadas, se encolhe um pouco ao cozinhar, tudo para o espanto de Jacob.

Para Alison Sudol, essa cena foi o ápice da sua experiência de gravação. "Acho que o momento em que todos nos encontramos pela primeira vez no apartamento, com a cena de culinária e depois sentados à mesa de jantar, ainda se destaca como um dos mais especiais do filme, porque foi um balé muito maravilhoso e desafiador e que conseguimos fazer funcionar." Alison Sudol e Katherine Waterston discutiram e ensaiaram a cena, a fim de se certificar de que havia um sistema e uma ordem para seus movimentos. "Além disso, foi nesse momento que nós quatro fomos forçados a ficar juntos na sala, trabalhando juntos, nos conhecendo", Sudol continua. "E o apartamento era tão bonito, e a iluminação era tão bonita, e a cena estava tão quente. Foi tão mágico quanto parece ter sido."

SEÇÃO D

ARTES DAS TREVAS E ENTRETENIMENTO

ARQUITETURA

A CIDADE DE NOVA YORK: UMA METRÓPOLE MÁGICA

"É COMO UMA GARRAFA DE CHAMPANHE SENDO SACUDIDA", DIZ O DIRETOR DAVID YATES. "É ESPUMANTE E LOUCO, E ESTÁ VIVO, E É ECLÉTICO. É UM MUNDO CHEIO DE PESSOAS COM SONHOS E ASPIRAÇÕES. A NOVA YORK DE 1926 É UM LUGAR EXTRAORDINÁRIO."

"Eu tive a ideia de que Newt iria para Nova York, e isso me divertiu, me fez rir, porque na minha imaginação ele *não* é uma pessoa urbana", comenta a roteirista J.K. Rowling. "Newt está em um ambiente alienígena em muitos níveis."

"O ano de 1926 foi uma época incrível", diz David Heyman, "com enormes mudanças culturais e modernos arranha-céus sendo construídos ao lado de arquitetura mais clássica. O divertido em *Animais fantásticos e onde habitam* é que temos a oportunidade de trazer a audiência para um tempo e um lugar totalmente diferentes no mundo dos bruxos, mas os projetos brilhantes [do designer de produção] de Stuart Craig mantêm tudo — mesmo os locais mais mágicos — fixados na realidade."

"Nova York provavelmente é a maior criatura que tivemos que projetar para o filme", diz o supervisor de efeitos

visuais Christian Manz. "E acho que, como os animais, nós queríamos manter isso bem fundamentado, e fazer o espectador acreditar que está realmente experimentando o que era estar em Nova York, o barulho de Nova York naquele período."

Stuart Craig e sua equipe se debruçaram em fotos e imagens em vídeo da década de 1920, bem como grandes filmes estabelecidos naquela época. "É muito interessante em termos da perspectiva histórica. A cidade de Nova York em 1926 era enorme e próspera, antes da grande quebra da bolsa de Wall Street em 1929." Do ponto de vista do design, Craig percebeu que a maioria dos edifícios do período tinha um esquema de cores muito unificado e específico. "Os tijolos e os edifícios de arenito tinham a mesma cor", diz Craig. "Havia uma unidade coesa e agradável na paisagem de que eu gostava muito."

"NOVA YORK PROVAVELMENTE É A MAIOR CRIATURA QUE TIVEMOS QUE PROJETAR" – CHRISTIAN MANZ

A fim de visualizar a maneira mais eficiente de expor os vários bairros da cidade, Craig começou com um modelo do complexo de ruas de Nova York. "Foi deliberadamente projetado para nos dar uma variedade de prédios de cortiços no Lower East Side, onde Jacob vive. A seção intermediária é baseada em Tribeca [abaixo do Soho], porque era uma arquitetura muito interessante. Há muito ferro fundido em Tribeca, não existe em todo lugar em Nova York, mas seu detalhe arquitetônico é muito agradável para qualquer pessoa interessada em arquitetura, como eu." A forma básica do layout é um T. "No topo do T está o banco, o hotel e o próprio edifício do MACUSA. Outra seção contém o apartamento onde vivem Tina e Queenie. Nós tínhamos um bairro para cada um dos personagens principais."

"Nova York é um ecossistema próprio", diz o diretor David Yates. "No nosso filme, cobrimos a sociedade mais rica, mais ambiciosa, política, e depois olhamos para os cortiços. Eles escaparam da pobreza na Europa e vieram construir uma nova vida e estão se espalhando uns sobre os outros. Então temos toda a Nova York desse período: um lugar vivo extraordinário e também um lugar precário para deixar animais escaparem."

ARTE

EQUIPE DE DESIGNERS É TRAZIDA PARA A CIDADE

A artista gráfica Miraphora Mina, que começou em *Harry Potter e a Pedra Filosofal*, e Eduardo Lima, que se juntou ao departamento de arte gráfica em *Harry Potter e a Câmara Secreta*, desenvolveram livros, jornais, revistas e o Mapa do Maroto de Hogwarts para os filmes. Eles também trabalharam em estreita colaboração com os departamentos de decoração de sets e de adereços, criando rótulos de comidas e bebidas, papelaria do Ministério da Magia, pacotes das Gemialidades Weasley e intermináveis coisas efêmeras que davam detalhes e profundidade ao mundo mágico da tela. Felizmente, a equipe voltou para aplicar seu talento considerável e seu olho para detalhes em *Animais fantásticos e onde habitam*.

Os designers começaram a trabalhar seis meses antes do início das filmagens, pesquisando tipografia e estilos de arte dos anos 1920 nos arquivos históricos de Nova York, bem como desenvolvendo o modo como a época se transferiria para o mundo dos bruxos. Uma nova entidade governamental bruxa, MACUSA, requeria seus próprios formulários burocráticos, incluindo permissões de varinhas, memorandos que se transformavam em ratos de origami e um relógio em constante mudança exibindo o nível de ameaça contra as bruxas.

Mina e Lima envolveram-se até no menor objeto. "O passaporte de Newt, todos os seus pequenos pertences, todas as suas etiquetas de remédios para tratar as criaturas, tudo isso tivemos que fazer um por um", conta Eduardo Lima. "Precisamos perguntar para Jo [Rowling] sobre essas coisas", Mina acrescenta, "como, por exemplo, qual era o aniversário de Newt, onde ele nasceu, todos aqueles detalhes que você pode não ver. Temos que criar a integridade de uma peça."

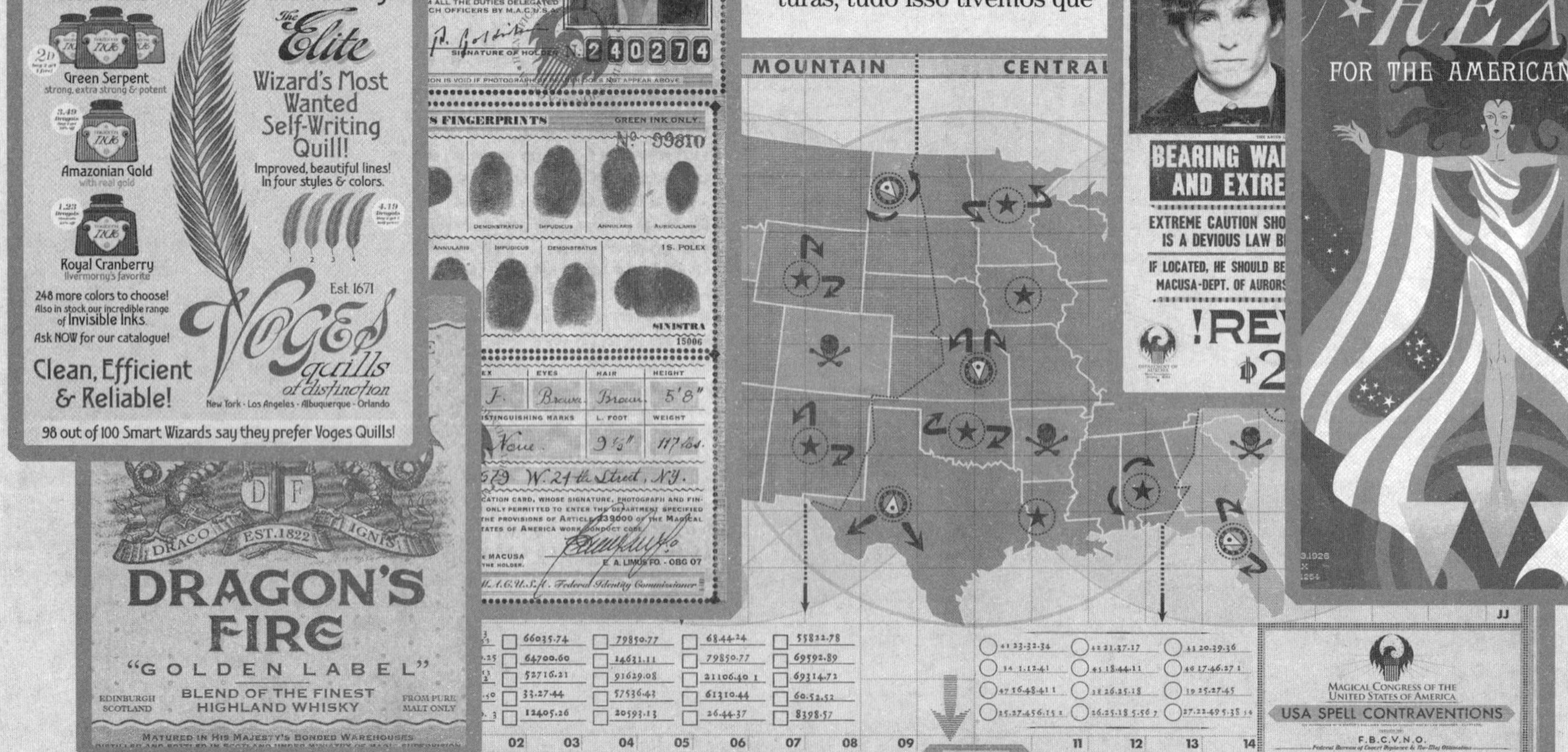

"NÃO É SOBRE *AQUELE* MOMENTO, É SOBRE O QUE ACONTECEU ANTES" – MIRAPHORA MINA

"Acho que nosso trabalho é tentar entender como se chegou àquele momento que aparece por um segundo na tela", Mina continua. "Não é sobre *aquele* momento, é sobre o que aconteceu antes. Para fazer o espectador acreditar que sempre foi assim, ou que há uma razão para que seja assim. Às vezes", Mina diz como um sorriso, "nós teremos conversas bastante ridículas sobre como algo deveria ser. Essa história não está nos livros ou no filme, mas você precisa saber o que foi preciso acontecer para chegar lá."

APARIÇÃO FINAL DO CIRCUS ARCANUS

DIA 13/12

Observe atentamente no filme e você vai ver que o Circus Arcanus fará o seu último e espetacular show em Nova York às 20h do dia 13 de dezembro de 1926. O Circus abriu sua temporada aqui no dia 29 de novembro, e partirá para a Europa após a sua apresentação final.

DESIGN

O SÍMBOLO DOS SEGUNDOS SALEMIANOS SINALIZA UMA FORTE DECLARAÇÃO

O emblema da Sociedade Filantrópica do Novo Salem tem um fundo de chamas cintilando abaixo de duas mãos quebrando uma varinha. "Foi referenciado no roteiro como sendo uma varinha quebrada com uma pomba", diz Miraphora Mina. Mina e Eduardo Lima discutiram a aparência do emblema com David Yates e David Heyman. "Eles queriam que fosse mais forte e mais agressivo que uma pomba", recorda Lima. "Então nós demos a sugestão de ter mãos quebrando a varinha." É uma referência à missão de Mary Lou Barebone para acabar com a magia. "Era legal projetar adereços para Mary Lou e a SFNS, porque ela era muito maligna e terrível", diz Lima. "Nunca se esqueça de que precisamos salvar a América das bruxas!"

PROFESSOR DE HOGWARTS ENTRA PARA O TRANSFIGURAÇÃO HOJE

De acordo com o Transfiguração Hoje, um dos muitos adereços criados pela equipe de arte, o professor de Hogwarts Alvo Dumbledore se tornou um colaborador do jornal. Sua primeira coluna explica a opinião dele em relação aos metamorfomagos: "Desaparecer sem deixar vestígios é possível?". O autor Emeric Switch contribuiu com um artigo para a mesma edição: "Os aspectos científicos da transfiguração humana".

VOCÊ QUER SER UM MAGIZOOLOGISTA?

ENTÃO PENSE DENTRO DA CAIXA

Para transportar sua coleção de criaturas, o magizoologista Newt Scamander criou uma série de ambientes que podem ser escondidos em uma maleta de couro de aparência inocente. Cada animal tem sua própria área, mas pode haver interação, já que essas áreas não são contêineres separados por paredes, exceto para algumas das maiores criaturas.

"A maleta de Newt é um mundo extraordinário", diz o diretor David Yates. "É imersivo, fantástico, engraçado e assustador, e adorei o fato de que tudo está contido em algo que você poderia pegar em um avião ou trem." Desde que o trinco da maleta se abriu enquanto Newt estava na alfândega dos Estados Unidos, a ansiedade continuou a aumentar até ser revelado o que estava dentro da maleta. "Isso é o coração do filme", diz Christian Manz.

FORA DA MALETA

Eddie Redmayne descreve o interior da maleta como um reflexo da personalidade de Newt. "Há um elemento quase biológico nisso", ele explica. "Você vê a paixão que ele tem por esses diferentes animais e plantas. Você vê os desenhos que ele fez. É o personagem dele em termos físicos. E, quando você descer para sua cabana e então para o mundo da maleta, bem, isso realmente leva a imaginação a novos extremos."

"A MALETA DE NEWT É SEU MUNDO. NA VERDADE, É SEU PARAÍSO", DIZ EDDIE REDMAYNE. "O SET QUE STUART CONSTRUIU ERA TUDO O QUE EU PODERIA SONHAR E ALÉM."

O primeiro desafio para o designer de produção foi que "não havia regras nem precedentes". "Passamos por muitas e muitas tentativas de como poderia ser", Craig admite. "Conversamos sobre armários com dioramas, ou possivelmente um museu do tipo vitoriano, mas esses não servem para animais vivos." Uma abordagem como um zoológico também não servia, já que Craig sabia que Newt não mantinha seus animais fantásticos em jaulas. "Newt quer a preservação dessas criaturas", diz ele, "e a felicidade delas em seus respectivos ambientes. Ele teria criado ele próprio esses ambientes mágicos."

Uma vez do lado de dentro, cada animal tinha seu próprio ambiente. "A ideia se tornou mostrar uma variedade tão ampla de criaturas quanto possível em seus hábitats naturais", diz Christian Manz. "Nós planejamos que Newt passasse por um safári que filmaríamos em externas. Quando J.K. Rowling viu nossa apresentação, sugeriu que seria preciso um bruxo mais poderoso que Voldemort para criar aquilo. Assim, tivemos que aparar nossas ideias e viemos com uma abordagem mais ao estilo do cartunista Heath Robinson, na qual Newt costurou o ambiente de cada criatura um no outro." Durante a Primeira Guerra Mundial, Robinson era conhecido por criar desenhos humorísticos de armas secretas loucas a partir de utensílios domésticos comuns, bem como ilustrações representando a Força Expedicionária Americana na França.

"A chave era que todo o lugar tinha sido feito pelo próprio Newt, por isso havia uma aparência 'faça você mesmo'", diz Craig. "Mas, conforme você entra, tem a impressão de que é como os

CONTINUA NA PÁGINA 51

INFLUÊNCIAS SELVAGENS

Duas fortes influências ajudaram no desenvolvimento visual das áreas das criaturas, sendo uma delas os dioramas do Museu Americano de História Natural que ilustram os hábitats dos animais. "Eles são pintados para parecerem reais, mas, quando se olha direito, você percebe que eles não são", diz Dermot Power, "porém sente a realidade daquilo."

Outra referência-chave que Power usou foram as imagens do circo selvagem do faroeste dos shows de Buffalo Bill. "Eles usavam cenários pintados, e você poderia dizer pelas fotos que eles realmente se esforçaram para que parecesse uma paisagem realista, só que depois penduraram de maneira bem descuidada." Cenários pintados de verdade foram criados por Marcus Williams, o artista cênico do filme, para estabelecer a estética correta e servir como ponto de partida para os ambientes animados.

A impressão de Dermot Power do personagem de Newt é que "ele ama tanto os animais que se deu ao trabalho de criar esses mundos para eles, mas não vê sua carreira como sendo a do maior 'criador do mundo'. Sua carreira é cuidar de animais. Então, se os ambientes estão um pouco instáveis, ele apenas garante que funcionem. Se as coisas falharem, ele corrigirá. Ele está satisfeito por os animais serem felizes nos mundos que ele criou."

A CABANA

"Uma das nossas primeiras decisões foi dar a Newt uma cabana no espaço mágico", diz Stuart Craig. "Ele está mais confortável lá do que com os outros seres humanos." A cabana alta e fina guarda remédios e poções e todos os outros equipamentos necessários para capturar e cuidar das criaturas. "Ser solitário parece uma parte necessária de sua vida às vezes", diz Craig, "por isso lhe demos a cabana. Ele tem uma bancada, uma cama embaixo da bancada. Tem um fogão, uma poltrona. É um ótimo lugar para um homem como Newt ficar sozinho."

A designer de sets Anna Pinnock considerou a cabana uma oportunidade para transmitir o mundo de Newt e sua personalidade através do espaço e do que continha. "Queríamos sugerir que Newt tinha viajado extensivamente nos mundos real e de fantasia", ela explica. "Por isso, introduzimos peças étnicas, ferramentas agrícolas e zoológicas e uma grande variedade de recipientes e receptáculos incomuns. Cada item tinha que ter uma função ou propósito. Encontramos armários e baús de medicina orientais que fixamos na parede de frente para a porta em um design de retalhos de cima para baixo." A equipe de adereços aprimorou os itens de origem e também criou novos, e os artistas gráficos adicionaram rótulos, notas de pesquisa e mapas de parede.

A ambiente também incluía uma fotografia de Leta Lestrange, alguém que no passado foi bem especial para Newt.

O DEMÔNIO DE RAPINA

"MINHA CRIANÇA INTERIOR DE 9 ANOS É OBCECADA COM O DEMÔNIO DE RAPINA" – EDDIE REDMAYNE

Há uma criatura que Newt mantém por perto: o Demônio de Rapina, uma designação que o magizoologista não considera a mais amigável. Newt o tem estudado; ele tem uma teoria de que o veneno do Demônio de Rapina, se for diluído, pode ser útil na remoção de memórias ruins. Seu veneno luminoso é extraído apertando-se sua cápsula semelhante a um casulo; o líquido é então coletado em um frasco de vidro.

"Minha criança interior de 9 anos é obcecada com o Demônio de Rapina", diz Eddie Redmayne. "Ele é como uma bola espetada com um fio que desce do dedo de Newt. Quando você gira para fora, quase como um ioiô, ele se desenrola nesta criatura aterrorizante."

O Demônio de Rapina tem similaridade com uma borboleta grande ou uma raia gigante pré-histórica, com asas verdes em forma de capa e uma parte inferior magnífica em azul cobalto. Sua cabeça esquelética se assemelha à de um roedor, com dentes caninos longos, em forma de sabre, que ele usa como um encefalofago: algo para comer os miolos das pessoas. "Mas Newt tem controle completo da criatura", explica o supervisor de efeitos visuais Christian Manz. "Ele a chama. Ele a puxa de volta e coloca no bolso. Nós estávamos tentando descobrir, legitimamente, como isso iria acontecer de modo a tornar factível. Como fazer algo tão grande ficar tão pequeno? Com magia, é claro."

"Nós também queríamos ver Newt usando as suas criaturas para se livrar de um problema", Manz acrescenta, e Newt usa o Demônio de Rapina para se defender várias vezes durante a história. O Demônio de Rapina pode agir como distração ou escudo durante uma batalha. Ele também tem um corpo forte o suficiente para, se estiver perto o bastante, rapidamente levar um humano de um lugar para outro.

PICKETT, O TRONQUILHO

"ELE TEM UMA QUALIDADE EXTRAORDINÁRIA, AGILIDADE INCRÍVEL E TAMBÉM PODE ABRIR FECHADURAS" – EDDIE REDMAYNE

Um dos muitos momentos deliciosos dentro da maleta de Newt acontece no ambiente do Tronquilho. "Amo o Tronquilho", diz J.K. Rowling. "O nome dele é Pickett. Ele não se encaixa com seu próprio ramo, que é o termo técnico para o coletivo de Tronquilhos. São criaturinhas como tronquinhos, por isso digo que temos ramos de Tronquilhos."

Um ramo de Tronquilhos vive dentro da maleta de Newt, sendo composto por Titus, Finn, Poppy, Marlow e Tom. O sexto integrante do ramo é Pickett, que passa a maior parte do tempo no bolso de Newt. "Pickett talvez seja a minha criatura favorita", admite Eddie Redmayne. "É um pouco solitário na família dos Tronquilhos. Se sente um pouco perseguido pelos seus companheiros. Ele tem problemas de afeto. Por isso continua fingindo doenças para ficar no meu bolso." E Newt o satisfaz.

Tronquilhos também são as criaturas favoritas do animador Pablo Grillo. "Nem sei o que são, mas são incrivelmente convidativos." O Tronquilho passou por quase duzentos rascunhos antes de sua aparência final.

DESIGN GRÁFICO DO ANÚNCIO POR MINALIMA

"O design de Pickett tinha que comunicar a fragilidade do ser", Grillo explica. "Tinha que ecoar a fragilidade de Newt, de certa forma, sem ser fraco. Ele é uma criatura corajosa, tem emoção e valor em si. Pickett é meio um pária social, assim como Newt."

Tronquilhos têm grande valor, apesar do tamanho. "Ele tem uma qualidade extraordinária, agilidade incrível e também pode abrir fechaduras", diz Eddie Redmayne. A habilidade de Pickett se prova útil para ajudar Newt em várias situações de perigo."

Para os ensaios, os titereiros de Grillo trouxeram Pickett à vida de muitas formas. "Ele mora no bolso, mas frequentemente sobe no meu ombro", diz Redmayne. "Comecei a ter um titereiro usando um fantoche para fazer isso, sentindo o que era. Eles tinham uma longa haste com Pickett, feita de arame no final. Quando o filmamos, ele

não estava lá, mas daí eu conseguia atuar porque tinha um senso dele."

"[Pickett] é bem inexpressivo facialmente", diz Grillo. "Para mim, isso é o desafio mais emocionante, em que você não precisa confiar em um desempenho facial — vem muito das ações para revelar as intenções. Com a combinação certa de formas, pode deixá-lo triste, orgulhoso ou ser expressivo para sentir o coração aquecer com ele."

"Ele não tem nenhuma animação facial, mas faz um barulho com a boca em certo momento", diz Christian Manz. "No final, colocamos mais cenas de Pickett, já que todo mundo o amava."

CONTINUAÇÃO DA PÁGINA 48

bastidores de um teatro, se torna real. Cru a princípio, mas mágico e aparentemente interminável quanto mais você entra. É uma vitrine para as criaturas, que são, afinal, o centro do filme."

UM DIFERENTE TIPO DE CRIATURA

Quando Jacob ajuda Newt a alimentar seus animais dentro da maleta, ele ouve uma espécie de grito gelado vindo de trás de uma cortina ondulante. Após o som, ele se vê em uma paisagem de neve, onde uma massa contida preta está suspensa no ar. A massa emite uma energia inquietante e perturbadora. Newt diz a Jacob para se afastar e dá uma explicação curta do que aquilo é: um Obscuro.

"O Obscuro é uma ideia realmente maravilhosa que Jo teve", explica David Yates. "Quando uma criança é proibida de desenvolver sua magia de uma forma normal, saudável e orgânica, essa energia sombria pode se desenvolver e de repente sair do controle, causando estragos e se tornando bastante perigosa."

Crianças que reprimiram suas habilidades mágicas, tipicamente por causa de trauma ou perseguição, são chamadas de Obscuras. Por causa dessa repressão, elas desenvolvem uma força sombria parasita — o Obscuro — que é instável e incontrolável, que ataca e depois desaparece. Obscuras raramente passam dos

10 anos de idade, e é explicado que o Obscuro que Newt tem em sua maleta foi separado de uma garotinha sudanesa de 8 anos que depois morreu. É o primeiro caso de um Obscuro nos Estados Unidos em duzentos anos.

O Obscuro na maleta de Newt está preso. “Fui convidado a mostrar o Obscuro preso em uma caixa ou uma tábua”, diz Dermot Power, “e gostei do pensamento de duas ideias muito diferentes colidindo: a caixa quadrada rígida e a força em redemoinho, quase líquida, que anseia por ser liberada.” Outros estudos incluíram a imagem de uma jovem sofrendo por sua magia reprimida, presa em uma caixa retangular, para ilustrar a angústia dessa alma atormentada; e uma massa orgânica “com uma sugestão do que é mantido dentro. Eu amei o desafio de capturar uma entidade tão única e trabalhei duro para retratar a aparência de um ser invisível em uma nuvem de poeira”.

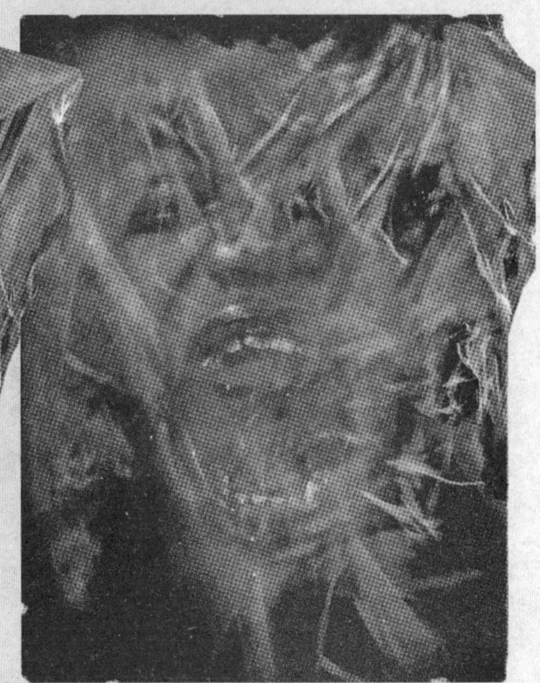

ENTRETENIMENTO

SAINDO NA CIDADE: UMA NOITE NO PORCO CEGO

Sussurros, jogos de azar e um bar cheio de água risadinha, lobe blaster e whisky de fogo — é o que se pode encontrar em O Porco Cego. O boteco em Greenwich Village recebe todos os bruxos e bruxas, duendes e gigantes, servidos por uma equipe de longa data composta por duendes.

Para ajudar Newt a encontrar suas criaturas remanescentes, Tina Goldstein o leva, junto com Jacob e Queenie, para O Porco Cego, um bar ilegal de propriedade de Gnarlak, um dos informantes de Tina da época quando ela era uma auror. Esses bares ilegais dos anos 1920 ficavam escondidos ou disfarçados, e ali se podia comprar álcool durante a proibição. Eles podiam ser lugares chiques e elegantes ou um buraco escuro e encardido. O Porco Cego entra na segunda categoria. "Este é um ambiente subterrâneo, por isso o teto é arqueado", explica Stuart Craig. "Nós colocamos tanta personalidade neste complexo de túneis e cavernas quanto foi possível. Está absolutamente cheio manchas de nicotina e água escorrendo pelas paredes curvas. É um ambiente bastante ameaçador."

"É um bar com má reputação", diz Christian Manz. "Tivemos um excelente período de preparação com as coisas que David [Yates] queria ver lá. Tínhamos uma banda de jazz de duendes e uma cantora de jazz, um atendente e garçons elfos domésticos. Temos muitos cartazes em movimento por todo o lugar, jogos de azar mágicos, além de todas as bebidas. Para mim, esse é um dos momentos no filme em que você realmente se sente na década de 1920."

Gnarlak, um duende fumante de charutos e piadista, é interpretado pelo ator Ron Perlman. "É o estabelecimento dele", diz Perlman. "Ele atende mais ao submundo do mundo mágico; algumas pessoas lá têm suas cabeças a prêmio. Algumas pessoas têm acordos complicados que fizeram com o MACUSA para se manterem à solta. É uma ampla gama de tipos desagradáveis, e Gnarlak é o mais desagradável de todos, porque ele é o mestre de tudo o que propõe. E é muito deliciosamente estranho."

> "É UMA AMPLA GAMA DE TIPOS DESAGRADÁVEIS, E GNARLAK É O MAIS DESAGRADÁVEL DE TODOS"
> – RON PERLMAN

"Alguém na posição de Gnarlak sabe exatamente como fazer acordos com todos os estratos, sejam nas posições mais altas do governo ou na mais baixa forma de criminalidade e vilania", continua Perlman. "Para presidir esse mundo, ele deve estar entre os caras mais espertos. Ele usa inteligência para fins desagradáveis, mas é muito esperto. Conhece o campo de jogo e, como a maioria dos trapaceiros, sabe identificar as fraquezas das pessoas e explorá-las para seu próprio benefício."

ATOR DE 1,80 M SE TORNA UM DUENDE DE 1,20 M

Os duendes nos filmes de Harry Potter foram criados usando próteses sobre os atores. "Aqui, fizemos os personagens completamente digitais porque queríamos escalar a pessoa certa sem sermos limitados pela forma humana", conta o supervisor de efeitos visuais Christian Manz. "Quando Ron foi selecionado, nós nos movemos para projetar um personagem baseado nele. Olhamos muitas fotos de gângsteres de época, algumas das ótimas fotos de pessoas da década de 1920. Havia uma postura particular e um olhar que realmente dava uma noção desse personagem, o que se tornou primordial para concebermos como seria Gnarlak, mas também mantivemos bastante de Ron no rosto."

Gnarlak veio a vida após diversas etapas. Primeiro, como um personagem em CG, Perlman ofereceu mais de noventa expressões que foram capturadas em uma sessão de fotogrametria. Daí, para filmar as cenas, Perlman sentou-se em uma cadeira mais baixa do que os outros atores para que pudessem atuar contra ele. A cena foi filmada novamente utilizando um ator dublê com a altura certa e vestindo o traje e a maquiagem completos, para referências de linha de visão e de iluminação. Finalmente, Perlman filmou a cena de novo, desta vez usando um aparelho de captura de movimento facial em um set escalonado que o posicionaria para não parecer ter mais do que 1,20 m de altura. "É aí que a atuação de Ron veio e onde capturamos todo o diálogo dele", diz Manz. "À medida que progredimos, David [Yates] queria que Gnarlak ficasse quieto e quase solto. Nosso objetivo era torná-lo mais e mais um degenerado."

O APURO DE PICKETT

Newt percebe que vai precisar subornar Gnarlak para conseguir informação, oferecendo alguns galeões, um lunascópio e um ovo de Cinzal. Nada interessa o duende até ele ver Pickett saindo do bolso de Newt. "O Tronquilho tem um recurso adicional, um bônus, que é a capacidade de abrir fechaduras, então, caramba, serve para duas coisas", diz Perlman. "É ao mesmo tempo um item altamente colecionável e é muito útil." A entrega dolorosa de Pickett dá a Newt a informação sobre sua última criatura perdida. Felizmente, na loucura de um ataque dos aurores, Newt consegue recuperá-lo.

FELICIDADE LÍQUIDA

Enquanto Newt e Tina lidam com Gnarlak, Queenie e Jacob têm a chance de explorar seu relacionamento com uma garrafa de Água Risadinha Pinnock. Ao tentar ter uma conversa séria, Jacob dá um gole e explode em, bem, risadinhas. "Foi tudo ideia de Dan", diz Katherine Waterston, "e todos acharam tão engraçado que mantiveram." A Água Risadinha Pinnock foi batizada em homenagem à decoradora do set, Anna Pinnock.

Eddie Redmayne teve seu próprio momento alegre, ainda que fora das telas. "[O Porco Cego] foi meu set favorito, principalmente porque conseguimos ver todos os cartazes que queríamos, e eu simplesmente amava esses pôsteres nos filmes de Harry Potter", recorda Redmayne. Quando Gnarlak avisa os aurores sobre Newt e Tina, dois dos cartazes de procurados na parede mudam e exibem as imagens deles. "Eu pude filmar um pôster de procurado em movimento. Embora breve, foi um momento brilhante na minha vida."

RESENHA MUSICAL:

JAZZ NO AGITADO E CONFUSO PORCO CEGO

"É CHEIO DE CHARME E DE BELOS DETALHES ESTRANHOS E IMAGINATIVOS", DIZ O ATOR RON PERLMAN (GNARLAK). "É UM LUGAR SÓRDIDO, MAS TAMBÉM VOCÊ NÃO SE IMPORTARIA DE ENTRAR E TOMAR UMA BEBIDA. MEXA-SE; VIVA UM POUCO DE AGITO."

"Há uma qualidade convidativa nele. Não importa quão cínico você seja, vai entrar neste mundo de olhos arregalados e cheio de admiração. Se quiser se divertir, apareça em O Porco Cego."

A banda de cinco instrumentos tocando no bar popular é composta de bateria, baixo, piano, metais e uma vocalista atraente. "Para os instrumentos na banda, você vai ver que o piano, à primeira vista, parece ser um piano vertical", diz designer de produção Stuart Craig, "mas é na verdade um *piano de cauda* na vertical." Tem também um baixo de dois metros de altura, tocado por um baixista gigante; os outros instrumentos são tocados por duendes. "O detalhe mais importante é o instrumento de sopro", diz Craig, "que é baseado em um sousafone, mas incorpora trompete, gaita e trombone". A equipe de Pierre Bohanna criou esses instrumentos exclusivos. "O tocador de instrumentos de sopro tinha uma dúzia de diferentes instrumentos ao redor dele, unidos em uma carga mágica", diz Bohanna. "Nós fizemos isso de verdade, no sentido em que eles estavam interligados e em estandes escuros, e flutuavam no ar."

A MÚSICA QUE A DUENDE CANTA FOI COMPOSTA POR MARIO GRIGOROV COM LETRA DE J.K. ROWLING.

A banda também apresenta a primeira duende fêmea vista em qualquer dos filmes deste universo. Uma atriz criou seus gestos, que foram gravados em captura de movimento e depois traduzidos para a tela, acompanhados de imagens esfumaçadas que ilustram a música. Os músicos também foram interpretados por atores. "E Colleen Atwood criou trajes completos para dimensionar", conta Christian Manz. Isso deu aos animadores uma referência absoluta do que precisariam recriar digitalmente.

SEÇÃO E

EDIÇÃO NOTURNA

OUTRA CRIATURA ENCONTRADA – LOJA DE DISTRITO DE DIAMANTES DESTRUÍDA

ASSALTO DE PEDRAS PRECIOSAS

Newt enfim consegue devolver o Pelúcio à sua maleta quando ele e Jacob o encontram em uma vitrine de uma loja de diamantes. O Pelúcio tenta enganá-los, permanecendo imóvel, embora braceletes de diamantes estejam escorregando de seus braços. "Uma coisa adorável sobre os animais é a sua ingenuidade", diz Pablo Grillo. "Eles acham que, se ficarem parados, ninguém poderá vê-los." Mais uma vez, o humor da cena vem do passado de Newt e do Pelúcio "e quase o respeito que Newt lhe demonstra por sua habilidade. Ele admira a criatura, mas ela está sempre causando problemas".

CÂMERA LENTA OPORTUNA

Um boneco foi usado como dublê para o Pelúcio, com propósito de iluminação e proporção, bem como para interação na cena. "A tomada em câmera lenta do Pelúcio voando pelo distrito de diamantes, com uma boa exploração de 360 graus do espaço, é a minha favorita", diz Stephane Nazé, supervisor de efeitos visuais. "Até esse ponto, o público está tentando vislumbrar o Pelúcio, que está se movendo rapidamente e sempre saindo da tomada. Quando ele gira no ar, nós realmente gostamos dele."

ANIMAIS SOLTOS NO CENTRAL PARK

Quando uma equipe da polícia metropolitana chegou na frente da loja, parecia que Newt e Jacob poderiam ser presos. Não ajudou o fato de que eles estavam cobertos de joias e diamantes. Daí, para a surpresa de todos, um leão, um avestruz e diversos outros animais escaparam do Zoológico do Central Park à noite. Ao chegarem no local, descobrem que muitos de seus recintos haviam sido demolidos pelas ações de acasalamento da Erumpente que escapou da maleta de Newt.

A ERUMPENTE É A MAIOR CRIATURA QUE NEWT SCAMANDER PRECISA RECUPERAR. PARA COMPLICAR A SITUAÇÃO, ELA ESTÁ NO CIO.

ATIVIDADE PERTURBADORA NO CENTRAL PARK

"A Erumpente é uma criatura maciça quase indestrutível", diz a roteirista J.K. Rowling, "e David Yates a injetou com uma brincadeira que eu não esperava e que achei deliciosa."

Erumpentes podem ser descritos como uma mistura espetacular de vaca, rinoceronte, hipopótamo e bisonte. "É como um herbívoro grande", conta o supervisor sênior de animação Pablo Grillo. "Ela não tem potencial expressivo maior que o de uma vaca. Mas, por meio de suas ações, dá para entender totalmente sua motivação — ela quer amor, está no cio, e a justaposição dessa proporção, dessa falta de jeito e desse desejo incrível funde-se em algo incrivelmente divertido, encantador e pastelão."

"Queríamos dar a ela uma ligeira qualidade feminina sem ser muito caricatural", diz o supervisor de efeitos visuais Tim Burke. "Encontramos imagens de um homem no Meio-Oeste americano que tinha bisontes e convidou um dos animais para entrar em sua casa. Era incrível como essa criatura enorme de repente se movia com muito cuidado, delicadamente, pela sala de estar."

DE BONECO A ATOR

Os titereiros de *Animais fantásticos e onde habitam* eram chefiados por Robin Guiver, que estrelou na produção original de *Cavalo de Guerra* em Londres. A ideia de ter um boneco de um Erumpente — que tinha quase cinco metros de altura, três de largura e mais de seis metros de comprimento — não era só dar uma dimensão visual a Eddie Redmayne, mas também dar ao ator e ao diretor um personagem físico com o qual interagir. "Está lá para possibilitar os desempenhos. Então Yates tinha algo que podia dirigir de forma bem específica", Guiver explica. "Ele pode colocar no set. A câmera pode enquadrar. Pode tratá-lo como se fosse um ator. Pode ditar movimentos ou emoções como precisar, e pode olhar para a dança de acasalamento, aquele ritual, como um evento muito real, em vez de apenas pedir a Eddie que imaginasse tudo. E há algo ali que tem espaço, que tem massa

CONTINUA NA PÁGINA 62

CONTINUAÇÃO DA PÁGINA 61

e, com sorte, deve ser capaz de provocar emoção também."

Ter uma representação física do que acabaria se tornando um animal digital também foi uma bênção para o diretor de fotografia, Philippe Rousselot. "Pode acabar acontecendo de enquadrar no ator e perder o senso de tamanho", explica Guiver. "Quando se coloca um personagem ao lado de algo tão grande, pode-se realmente ter uma noção de quão pequeno ele é e do perigo que ele está enfrentando."

O modelador de adereços Pierre Bohanna e a equipe criaram o boneco. "Algo dessa escala significa que é preciso mantê-lo incrivelmente leve", explica. A estrutura era de tubos de fibra de carbono com um pouco de tubo de plástico do lado de fora. A cabeça da Erumpente foi fixada no corpo, mas tinha um mecanismo em balanço que permitia a um dos titereiros lhe dar movimento. Essa Erumpente só pesava cerca de 40 quilos. "Disseram que o boneco do Garibaldo tinha mais de 60 quilos", Bohanna acrescenta. "Então sempre tenho isto em mente: se um homem conseguia lidar, é porque era uma boa maneira de resolver."

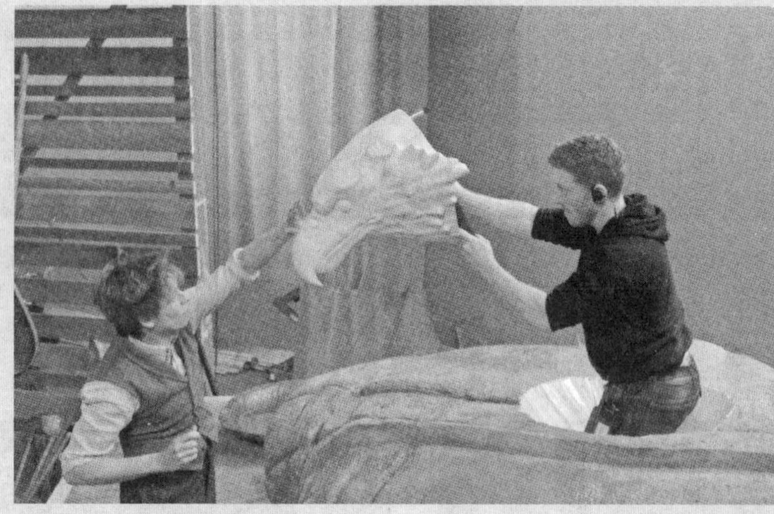

"Nós tínhamos quatro pessoas operando o equipamento naquela cena de acasalamento a cada tomada", revela Tim Burke. "E, antes mesmo de filmarmos, eles ensaiaram a cena com Eddie, para que conseguissem um relacionamento. Para o personagem de Eddie, era tudo sobre ter esse relacionamento com as criaturas."

INTERESSE ROMÂNTICO NÃO-MAJ

A Erumpente descobre um prospecto ainda mais interessante em Jacob, que inadvertidamente é espirrado com uma garrafa cheia de almíscar de Erumpente. "Adoramos a ideia de uma relação entre Jacob e a Erumpente", diz David Yates. "Algo na Erumpente é realmente belo e amável. Acho que o fato de se poder dar a essa criatura seus próprios desejos e objetivos a torna um pouco mais real de certa forma."

Os animadores tomaram tanto cuidado com a Erumpente quanto Newt ao persuadi-la a entrar em sua maleta. "Seu corpo tem seu próprio impulso, que é como dirigir um caminhão", diz Pablo Grillo. "Pode ser lindo, gracioso e encantador, quase como um balé. Mas animar isso com o peso certo e senso de balanço que convencerão sobre a escala é sempre desafiador."

"Havia também coisas complexas do ponto de vista técnico, como o saco de líquido na testa da Erumpente, que a deixava um pouco mais incomum do que uma criatura normal", diz Christian Manz. "Que tinha que se mover e ter iluminação interna." O departamento de adereços fez o trecho final do chifre em uma forma oca e translúcida para que o departamento de eletricidade pudesse colocar um efeito de iluminação no interior que brilhava conforme ela ficava mais e mais excitada. Felizmente, a característica explosiva do saco foi lidada digitalmente.

"Eu amo a Erumpente", reitera Redmayne. "Quanto mais eu lia o roteiro, mais não conseguia acreditar no quão incríveis eram esses animais e em todas as características que Jo imaginou. A Erumpente é gigantesca. A Erumpente é rápida. E a Erumpente está no cio. Quando ela sai e Newt tem que a seduzir com uma dança de acasalamento para ela retornar à maleta, é um dos momentos mais humilhantes do filme. Foi estranhamente exaustivo." Mas Redmayne admite: "Seduzir a Erumpente foi um ponto alto para mim".

MAGIZOOLOGISTA FAZ UMA DANÇA DE ACASALAMENTO

O tamanho de uma Erumpente pode parecer impeditivo para que ela voltasse à maleta, mas Newt tem alguns truques disponíveis. Primeiro, ele borrifa um pouco de almíscar de Erumpente sobre si. Depois, faz a dança de acasalamento. "Uma coisa legal dos roteiros de J.K. Rowling é que as descrições também são complexas de detalhes", conta Eddie Redmayne. À medida que Redmayne lia o roteiro pela primeira vez, "Havia uma cena que só dizia: 'Newt executa uma dança de acasalamento'. Poucas palavras nunca me fizeram suar tanto". Redmayne procurou no Google "chamadas de acasalamento estranhas e aleatórias de pássaros" e, conforme desenvolveu a dança, fez alguns vídeos que mandou para David Yates. "Foram as coisas mais humilhantes que você viu na vida, e, depois de esperar horas por uma resposta, vinha: 'Não sei se é sedutor o bastante'."

Redmayne eventualmente fez uma dança com movimentos projetados para seduzir a Erumpente. "E nós tínhamos titereiros fantásticos, que faziam ruídos e flertavam, sabe."

Dan Fogler apreciou o cuidado que Eddie Redmayne tomou para destacar a relação do magizoologista com seus animais. "Quando Newt está tentando persuadir a Erumpente a voltar à maleta fazendo uma dança muito sensual para ela, é hilário — mas também é ciência."

"SEDUZIR A ERUMPENTE FOI UM PONTO ALTO PARA MIM" – EDDIE REDMAYNE

NEWT SCAMANDER DESCOBRE DUAS DE SUAS CRIATURAS EM UMA LOJA DE DEPARTAMENTOS NO CENTRO DA CIDADE

DANOS NA LOJA DE DEPARTAMENTOS

Um filhotinho de Occami que escapou da maleta de Newt Scamander foi localizado em uma loja de departamentos no centro da cidade, sendo protegido por outra criatura fugida, o Seminviso. "Algo invisível está causando estragos pela Quinta Avenida", Gnarlak, o dono do bar O Porco Cego, contou a eles. Essas palavras se provaram verdadeiras quando Newt e seus companheiros, Tina, Jacob e Queenie, viram uma bolsa de um manequim na vitrine da loja de departamentos levitar e flutuar pelo saguão. Uma vez dentro da loja, eles encontram também o Occami perdido.

MERCADORIAS NÃO-MAJS

A PARTE INTERIOR DA SEQUÊNCIA FOI FILMADA EM LIVERPOOL, NO EDIFÍCIO CUNARD, PATRIMÔNIO TOMBADO DA INGLATERRA.

A loja onde Newt encontra suas criaturas perdidas foi inspirada na grande loja de departamentos Bergdorf Goodman, na Quinta Avenida. "É muito elegante, com seus balcões de vidro e uso de *art déco* e espelhos. É bem bonito", diz o designer de produção Stuart Craig.

A parte interior da sequência foi filmada em Liverpool, no Edifício Cunard, patrimônio tombado da Inglaterra. "Deu muito certo", diz Craig. "O prédio tem um tamanho

JANELAS E COLUNAS ALTAS DAVAM ESCALA AO DESIGN ELEGANTE.

grande e foi concebido e construído com a confiança de Nova York desse período." A designer de sets Anna Pinnock concordou com a decisão de Craig. "Assim, fizemos 12 cabines de vidro e madeira de oito metros de comprimento que tiveram que ser preenchidas com mercadorias do período", ela diz.

Manequins idênticos com os do período foram criados juntamente com displays da loja. O mesmo espaço foi usado tanto como térreo quanto como primeiro andar, "o que significava o dobro da quantidade de roupas", explica Pinnock. "Nós também fizemos a cena acontecer no Natal, o que significava grandes quantidades de decorações de época, duas aparências e cores diferentes para cada andar." O depósito era abastecido com caixas empilhadas de uma forma imponente, cada caixa individualmente rotulada e com instruções de entrega, tudo produzido pelo departamento de artes gráficas.

OCCAMI: NÃO CABE TUDO EM UM SÓ TAMANHO

J.K. Rowling lembra-se de terem lhe contado que os peixes só crescem até o tamanho do espaço onde vivem. "Estava confiante e pensei que haveria um termo para uma criatura que só cresce no espaço disponível", explica. "Mas pesquisei e descobri, para meu horror, que os peixes permanecem atrofiados se a qualidade da água é *ruim*, ou seja, não têm essa característica." Anos depois, Rowling criou um ser que era assim. "O Occami é uma criatura bem assustadora com a capacidade mágica de caber em qualquer ambiente", conta. "Tive de criar uma palavra, *choranaptyxico*, porque concebi algo que poderia encolher ou crescer de acordo com o espaço disponível."

"É minha nova palavra favorita", diz Redmayne. O ator teve uma longa discussão com um treinador vocal sobre como deveria ser pronunciada (co-rah-nap-TISS-ick).

ENCONTRANDO UMA PEQUENA FORTUNA

Occamis são chocados de ovos, cujas cascas são feitas da mais pura prata e valem uma fortuna, por isso a espécie se tornou ameaçada de extinção.

VOO CANCELADO

Os primeiros projetos do Occami, feitos pelo artista conceitual Rob Bliss, incluíam múltiplas asas. "Havia partes do roteiro onde pensamos que o veríamos voando pela cidade", afirma Pablo Grillo. "Seria ótimo criar a silhueta dessa criatura com todas essas asas serpenteando no céu." Em vez disso, o Occami tornou-se um personagem preso a uma sala, aparecendo apenas na sequência do estoque da loja de departamentos. "[As asas] não se encaixavam no propósito de ser circunscrito na loja de departamentos porque você nunca as vê", diz Christian Manz. "Então as colocamos no Pássaro do Trovão." O Occami acabou ficando mais como uma cobra, com a cabeça coberta de penas como a de uma ave de rapina. "Era uma criatura difícil de acertar", diz Dermot Power. "Ela tinha que parecer elegante e misteriosa, mas também precisava revelar um lado materno forte quando ameaçada. Para mostrá-la em estado de ameaça, queríamos que as penas do Occami tivessem uma qualidade animada e iridescente, assim buscamos os pavões como inspiração. Nós também olhamos lulas e camaleões por causa de seus padrões de mudanças na pele." Os animadores também buscaram referência nos beija-flores para a cabeça e as asas cheias de penas do Occami. A plumagem no pescoço de um beija-flor se sobrepõe de maneira semelhante às escamas de peixes, o que parece apropriado ao Occami.

DESIGN GRÁFICO DE ANÚNCIO POR MINALIMA

O SEMINVISO DESAPARECIDO

O SEMINVISO ESTÁ SE TORNANDO CADA VEZ MAIS RARO CONFORME É CAÇADO PELA SUA PELE PRATEADA.

"O SEMINVISO TEM A CAPACIDADE DE FICAR INVISÍVEL, ENTÃO SUAS PELES PODEM SER USADAS PARA FAZER CAPAS DA INVISIBILIDADE" – EDDIE REDMAYNE

Newt Scamander resgatou um Seminviso chamado Dougal, mas precisa caçar a criatura quando ela escapa da sua maleta. "Isso se prova um pouquinho complicado, porque o Seminviso pode desaparecer à vontade", Redmayne explica, "e ele também tem a capacidade de ver o futuro. Assim, consegue prever o que as pessoas vão fazer, o que o torna um pesadelo."

O fato de que os fãs enfim puderam ver a criatura que fornece material para capas de invisibilidade — um dos artefatos mais importantes na história de Harry Potter — elevou o nível para os designers dos animais. Uma inspiração para os animadores foi um personagem amado de *Harry Potter e o Enigma do Príncipe*. "David Yates estava muito interessado em representar o Seminviso como um pequeno e velho sábio", diz o supervisor de efeitos visuais Tim Burke. "Quando tentamos entrar no personagem dele, David sugeriu Jim Broadbent, que fez o professor Horácio Slughorn dos filmes de Harry Potter. Em dado momento, nós quase discutimos filmar alguma referência com ele. Entramos no espírito desse velhinho que conversou sozinho e imbuímos isso na personalidade e no caráter do Seminviso."

Criar uma "aparência" de invisibilidade parece ser muito fácil: bastava não mostrar a criatura. Mas o problema é que o Seminviso transita entre o visível e o invisível. Para a sua abordagem, os artistas se inspiraram no trabalho fotográfico de Liu Bolin. Bolin é conhecido como "O Homem Invisível", pois camufla pessoas no ambiente da foto, fazendo-as desaparecer como um camaleão. "A coisa adorável é que, ao se mover em torno deles", diz Burke, "com uma leve mudança de perspectiva verá uma diferença de alívio. De repente, você percebe por meio da perspectiva que há algo ali. E desenvolvemos essa ideia para criar a invisibilidade do Seminviso, que ocupa parte do plano de fundo. É só quando a câmera se move que você vê a mudança de perspectiva."

CUIDADO COM A PELAGEM

O Seminviso lembra um cruzamento entre um primata e um bicho-preguiça, com grandes olhos similares ao de uma coruja. Pelos cobrem todo o seu corpo, descrito como prateado e comprido. Uma equipe de efeitos visuais também foi desafiada a tornar esses pelos críveis não apenas em close-ups, mas quando o Seminviso estava correndo rápido com os pelos se movendo ao vento. Para tanto, os animadores usaram um conjunto patenteado de ferramentas de tratamento de pelos chamado Furtility.

CAPTURANDO AS CRIATURAS

Dougal, o Seminviso, e o Occami recém-nascido são recuperados no almoxarifado da loja de departamentos, construído sobre um palco sonoro de Leavesden. “Outra coisa de que gosto na escrita de Jo”, diz Eddie Redmayne, “é que ela criou não só o relacionamento de Newt com os animais como também o relacionamento *entre* os animais. O Seminviso ama os Occamis, e está meio que servindo de babá para eles. Quando um dos Occamis escapa, o Seminviso vai para o mundo real, que é um lugar terrivelmente assustador para Dougal. Ele vai lá para se certificar de que o pequeno recém-nascido Occami vai ficar bem.”

UM NO BULE

A sequência da captura do Occami, que cresceu o suficiente para preencher o depósito, ficou muito mais complicada porque teve de ser filmada sequencialmente. “Conforme o Occami fica mais agitado e causa mais destruição, nós tivemos que de fato destruir o set”, explica Tim Burke. “Quando ele está agitado, não é agressivo; mas quando é assustado ele fica sim, porque é tão grande e desajeitado, e sua falta de jeito significa que tromba com muitas coisas.” A loja sofre um pouco de destruição antes de Newt capturar a criatura, com a ajuda de Tina, Jacob e Queenie, e armazená-la em um bule de chá.

CAPTURANDO CORAÇÕES

“O Occami pode ver versões diferentes do futuro, o que significa que pode prever quem tem mais chances de pegá-lo”, conta o diretor David Yates. “Sendo assim, é a pessoa menos provável quem tem a melhor chance de pegar o Seminviso.”

DAN FOGLER USAVA UMA MOCHILA PESADA PARA DAR-LHE A SENSAÇÃO DO SEMINVISO ENQUANTO ENSAIAVA.

O quarteto precisa pegar o Seminviso e o Occami e devolvê-los à maleta de Newt, mas Eddie Redmayne afirma que há mais do que isso acontecendo naquele momento. “Newt manda Jacob e Queenie para longe enquanto ele e Tina se aproximam do Seminviso.”

“Para surpreendê-lo, Newt tem que parecer inteiramente relaxado e imprevisível, mas o Seminviso o conhece, já tem uma noção do que vai fazer. Então, Newt encoraja Tina a ser casual: caberá a ela pegar o Seminviso, porque o animal sabe menos sobre ela.” Redmayne considera esse um momento importante entre Newt e Tina. “Acho que Newt não está só tentando encontrar o Seminviso como também subconscientemente está começando a desfrutar da proximidade com Tina”, diz o ator.

Durante a busca pelo Seminviso e pelo Occami, Jacob também tem um momento — não com Queenie, mas com Dougal. “Jacob fica bem amigo do Seminviso”, diz Dan Fogler. “Por alguma razão, há algo na natureza de Jacob que faz com que a criatura sinta que ele não é uma ameaça. Há momentos realmente doces, quando o caos está instaurado e o Seminviso pula nos meus braços. E eu falo: ‘Tudo bem, amigo, tá tudo bem’.”

Enquanto ensaiavam a cena, os atores muitas vezes tinham um boneco para trabalhar antes da tomada final. “Mas eles tiram o boneco da cena, então vocês nos veem imaginando essas criaturas e fazendo muitas pantomimas para parecer que elas estão lá”, diz Fogler. “É muito legal ver Newt interagindo com as criaturas, e o Eddie o faz de forma brilhante.”

BANQUETE DE ARRECADAÇÃO

BAILE DE GALA EXIGIU ROUPAS E VEÍCULOS VINTAGE

Para apoiar a campanha de reeleição do seu filho como senador de Nova York — e a possibilidade de uma corrida para presidente dos Estados Unidos —, o dono do jornal *Clarion* e magnata da mídia, Henry Shaw Sênior, realizou um jantar de arrecadação de fundos na prefeitura. Esse evento de gala contou com a presença endinheirada da elite de Nova York.

O Banquete Shaw foi uma das poucas sequências que não foi filmada nos Leavesden Studios. Depois de prospectar em Nova York e em outros lugares, o designer de produção Stuart Craig conseguiu encontrar uma locação ideal em Liverpool. "Houve uma espécie de influência cruzada entre Liverpool e Nova York, por causa do transporte transatlântico. Liverpool era uma cidade portuária próspera e cosmopolita, da mesma forma que Nova York", Craig explica. "Era próspera e tinha o tipo de dinheiro disponível na América, com a mesma confiança otimista para construir esses edifícios belos e enormes, muito americanos em espírito e bem do período." Craig escolheu o St. George's Hall, um magnífico salão público construído em estilo

PARA O SENADOR HENRY SHAW

neoclássico, para ser a Prefeitura de Nova York.

"Eu estava animado por trazer *Animais fantásticos e onde habitam* para uma cidade que tinha tantas memórias para mim", diz o produtor David Heyman. "Minha mãe é de Liverpool e, quando criança, sempre íamos visitar familiares lá. A arquitetura desta bela cidade funcionou perfeitamente para o nosso filme."

O chão da St George's foi erguido e, em seguida, recriado exatamente em grandes telhas que foram colocadas sobre o original. Filas e fileiras de mesas redondas cobertas com toalhas de mesa brancas foram dispostas ali, cercadas por cadeiras pretas de bambu falso. Fileiras de bandeiras americanas foram penduradas pela sala. "Ficou incrível", diz Josh Cowdery (senador Shaw). "As mesas estavam muito legais. Todo mundo se vestiu de forma bem elaborada com as roupas da década de 1920. Todos na multidão estavam realmente encarnando personagens. Tantos detalhes na sala facilitaram a sensação de fazer um discurso de verdade", ele acrescenta. "Se fosse apenas uma tela verde e cinco caras na minha frente, pois tudo seria adicionado mais tarde, seria mais difícil."

IMAGEM PERFEITA

Josh Cowdery estava ciente de que haveria um enorme retrato do rosto do senador Shaw na sala — ele tinha lido no roteiro. Ele não tinha ideia, no entanto, quão grande seria e como havia sido feito. "O primeiro dia que vi, eu realmente assumi que eles deviam ter uma ótima impressora. Depois, no segundo dia e no terceiro dia, olhei e pensei que era realmente incrível. Notei que era lona e vi o que pareciam traços de pincel, então fui até David [Yates] e perguntei se alguém tinha pintado aquilo. Ele começou a rir." Cowdery ficou chocado. "Alguém havia pendurado uma tela de uns quinze metros de altura num estúdio e, com uma foto minha em mãos, tinha pintado o meu rosto. É enorme e é engraçado; sei que minha mãe gostaria."

O pintor de retratos Barnaby Gorton, que também assina o retrato suspenso da presidente Picquery no MACUSA, recebeu a referência de Cowdery e de imagens de cartazes de campanha de Franklin Delano Roosevelt da década de 1940 para seguir o estilo. Na verdade, "Nós precisávamos de duas pinturas do senador Shaw", explica Gorton, "para o caso de a primeira ser danificada ou destruída ao cair". Quando a sala é atacada pela força maníaca que destroçou a cidade, o cartaz se solta e cai sobre o senador Shaw, matando-o. "Fazer uma pintura daquele tamanho já seria impressionante", comenta Gorton. "Duas então, nossa!"

COLISÃO DE DUBLÊS

O irmão do senador Henry Shaw, Langdon Shaw (Ronan Rafferty), tinha trazido anteriormente a família Barebone aos escritórios do *Clarion*, informando ao pai que eles tinham uma grande história para contar sobre os distúrbios na cidade causados por bruxaria. Aborrecido, Henry Sr. pediu à família que partisse, mas Henry Jr. fez algo pior: chamou a todos de aberrações, e disse a Credence para jogar um panfleto no lixo, "lugar ao qual todos eles pertenciam".

No jantar de Shaw, o Obscuro devasta o interior da Prefeitura, enviando os convidados do evento de gala voando como folhas de outono. "Queríamos que nossos dublês batessem nas mesas com força e saíssem com muita energia", diz a coordenadora de dublês Eunice Huthart. "Não era como se eles mesmos pudessem correr e saltar." Uma grande quantidade de dublês homens e mulheres foram presos a cabos que os puxava para cima e para baixo. Huthart chamou a cena de "o sonho da equipe de dublês". "Temos pessoas voando, batendo nas mesas, caindo." As cadeiras e mesas eram de espuma e isopor. "Foi bem feio", Huthart diz. "Fizemos em três tomadas. Fiz uma aposta com o cara dos cabos, ele disse que seriam três. Falei que seriam quatro. Eu teria gostado de fazer quatro", ela diz com um sorriso. "Gosto de quebrar coisas."

GRAVES DETÉM POSSÍVEIS SUSPEITOS

UMA FUNCIONÁRIA DO MACUSA E UM VISITANTE ESTRANGEIRO FORAM DETIDOS COMO POSSÍVEIS SUSPEITOS DE CAUSAR A FORÇA MÁGICA QUE ESTÁ AMEAÇANDO EXPOR OS BRUXOS AOS NÃO-MAJS.

Depois que a Erumpente é recuperada, Tina traz a maleta de Newt (com Newt e Jacob junto) para mostrar à presidente do MACUSA — e inadvertidamente acaba mostrando-a para toda a Confederação Internacional dos Bruxos, que está discutindo o que poderia ter magicamente assassinado o senador Shaw. Tina explica que há criaturas mágicas na maleta, algumas das quais escaparam, e, depois que Newt e Jacob emergem, assume-se imediatamente que um dos animais de Newt é o assassino. Porém Newt é mais esperto: ao ver as marcas em uma projeção mágica do corpo de Shaw que flutua acima da assembleia, Newt declara que ele foi morto por um Obscuro. Picquery nega que possa haver um Obscuro na América, e ordena a Graves que apreenda a maleta e prenda Newt e Tina. Jacob também é encarcerado, supostamente para ter a mente Obliviada.

GRAPHIC DESIGN OF ADVERT BY MINA LIMA

INTERROGATÓRIO PODE FORNECER RESPOSTAS SOBRE A FORÇA MISTERIOSA QUE ESTÁ ARRASANDO A CIDADE

Newt e Tina são levados para uma sala de investigação quadrada, com paredes de metal, onde Graves repassa o passado de Newt, especialmente curioso sobre Newt ter sido expulso de Hogwarts por colocar em risco vidas humanas com uma criatura. Ele indaga por que um dos seus professores, Alvo Dumbledore, argumentou contra a expulsão dele. O que faz Dumbledore gostar tanto de Newt? Graves também sugere que Newt soltou as criaturas de propósito, para expor a magia e provocar uma guerra. Newt entende a acusação velada — que isso poderia ter causado um abate em massa pelo bem maior. Contudo, Newt afirma que ele não é um seguidor de Grindelwald, que luta por uma guerra entre bruxos e pessoas que não são mágicas "pelo bem maior".

Para o horror de Newt, Graves remove o Obscuro da maleta de Newt e fica fascinado. Para acalmar Tina, Newt explica que a criatura não pode machucar ninguém em sua forma atual. Quando Graves pede por uma confirmação de que o Obscuro é inútil sem seu hospedeiro, Newt pergunta de volta: "E para que você o usaria?".

O interrogatório termina com Graves acusando Newt de tentar quebrar o Estatuto de Sigilo e sentenciando ele e Tina à morte.

MOMENTOS DE GLÓRIA

Pickett, o Tronquilho, recebe uma chance de mostrar o lado mais corajoso quando abre as fechaduras das algemas de Newt e o solta para desarmar os executores. Newt solta o Demônio de Rapina também. Quando a varinha de um dos executores cai na poção da piscina faz com que as memórias de Tina se tornem sombrias e cheias de lamentações, mas a alivia de seu estado aturdido. Tina segura nas costas do Demônio de Rapina em pleno voo e então pula para a segurança dos braços de Newt.

Ao mesmo tempo, os poderes de legilimente de Queenie a alertam sobre o dilema da irmã e dos amigos. Ela consegue pegar Jacob e o levar, recupera a maleta de Newt e deixa o MACUSA com Tina, Jacob e Newt dentro dela depois de usar seus encantos no perturbado Abernathy.

UM VEREDITO DE CULPA

Newt e Tina são algemados e conduzidos por dois executores para a Cela da Morte, que tem apenas uma cadeira suspensa magicamente sobre uma piscina de um líquido escuro.

"A câmara da morte, suponho, foi muito inesperada", diz Stuart Craig. "Está nas entranhas deste lugar, abaixo dos níveis do subsolo, na fundação. O teto é composto de vigas maciças de ferro fundido, que são a base do edifício. Isso dá o senso de que você está bem no fundo do subsolo, que amplia as conotações secretas e sinistras do lugar."

Craig e o diretor David Yates queriam dar ao ambiente uma sensação clínica. As paredes lembram mármore branco, "como um necrotério", diz Craig, "ou para *post-mortem*, basicamente. É um exercício de brutalidade arquitetônica". O supervisor de efeitos visuais Christian Manz tem suas próprias impressões da sala e de seu uso. "É difícil dizer que não é bonito, mas a cena da cela da morte para mim era fria e estranha, e provavelmente um choque para o público. É muito gritante e tão esquisito — todo mundo é assustadoramente bacana, mas eles estão te matando."

À medida que o procedimento começa, uma executora usa sua varinha para extrair memórias agradáveis do acusado e as despeja no líquido. "O design inicial foi inspirado em uma instalação na Galeria Saatchi [em Londres], em que havia óleo com um reflexo perfeito na superfície", diz Manz, que criou a piscina digitalmente. "Usando a linguagem que as pessoas se lembram da penseira dos filmes Potter, a ideia é que há tentáculos flutuando nessa linda superfície e você vê as memórias sendo lançadas."

As boas lembranças são usadas para subjugar o prisioneiro, acalmando-o e tornando convidativa a ideia de se sentar naquela cadeira. Enquanto Tina flutua sobre a piscina, vemos imagens de sua infância com Queenie antes de seus pais morrerem. Outra boa lembrança de Tina revela por que ela foi rebaixada de seu trabalho como auror: ela salvou Credence de apanhar de Mary Lou.

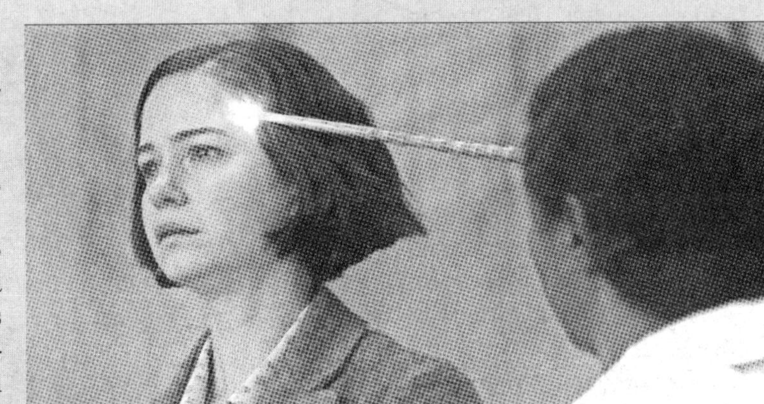

MEMBROS DO SFNS FORAM ASSASSINADOS

Naquele mesmo dia, Mary Lou Barebone, líder da Sociedade Filantrópica do Novo Salem, foi encontrada morta na Igreja dos Segundos Salemianos. Seu corpo apresentava cicatrizes semelhantes às vistas no corpo do senador Henry Shaw Jr. depois que ele foi morto por um Obscuro durante um banquete de arrecadação de fundos realizado na prefeitura.

Percival Graves, Diretor de Segurança Mágica do MACUSA, estava na vizinhança da cena do crime e descobriu os corpos de Mary Lou Barebone e de sua filha adotiva mais velha, Chastity dentro do prédio destruído. O paradeiro dos dois outros filhos adotivos de Barebone — o filho, Credence, e a filha mais nova, Modesty — é desconhecido.

CIDADE DESTRUÍDA PELO *OBSCURO*

DESCOBERTA FORÇA SOMBRIA MISTERIOSA

A presidente do MACUSA, madame Seraphina Picquery, anunciou que a força sombria causando destruição na cidade e ameaçando a possibilidade de exposição ao mundo não-maj foi erradicada. A entidade foi descoberta como sendo um Obscuro.

"Sabe, algumas das criaturas fantásticas saem da maleta de Newt e nossos personagens têm de rastreá-las e trazê-las de volta", diz o diretor David Yates. "Porém, a verdadeira história é sobre a criatura que existe dentro, a criatura que é desconhecida até chegarmos ao ato final do filme. É aí que está a verdadeira história, acredito."

"A verdade é que Credence é mágico, e ele vem reprimindo sua magia", conta Ezra Miller. "As forças do universo vêm a uma forma física, que é um Obscuro, e esse Obscuro chega até a criança Obscura como um amigo, encorajando-a. Depois, com um aumento severo, encoraja essa criança a permitir que sua verdadeira identidade e verdadeiro poder passem por eles. A ideia desse Obscuro é que, se você continuar a reprimir a verdade sobre *você*, a coisa fica feia. Torna-se algo realmente destrutivo, então chega a um ponto em que você não consegue mais fugir de quem é, e você não pode fugir das coisas de que tem medo.

"É algo que conheço", Miller continua. "Acho que muitas pessoas sabem por experiência própria que essas coisas eventualmente alcançam você. Se você se reprime, provavelmente só vai significar que, quando chegar a hora, haverá consequências mais pesadas e será uma realidade mais difícil de lidar."

FORMANDO O OBSCURO

"Se o Obscuro é ou não uma criatura é uma questão difícil", diz Pablo Grillo. "É a personificação da magia distorcida e reprimida do Credence. É descrito como uma massa escura, uma força sombria. Uma massa ambígua que muda de forma, que poderia ser de qualquer tamanho, mas tinha que expressar sua raiva interior, sua fúria, sua confusão. Ser capaz de expressar essas coisas através de uma massa tão ambígua é um grande desafio."

"[O Obscuro] foi um pouco uma jornada", admite Tim Burke. "Nós realmente não sabíamos o que era. Era diferente de todas as outras criaturas, para as quais poderíamos desenhar coisas e depois interpretá-las em modelos e começar a animá-las. Essa coisa não tinha forma. Era raiva, era ódio. Então, passamos pela coisa habitual de tentar encontrar referências de como poderia ser, mas foi realmente o personagem de Ezra que dirigiu o Obscuro."

Ezra Miller teve um papel importante em como a versão final do Obscuro veio a ser. "Pedi a Ezra para que nos deixasse tirar algumas fotografias como pontos de referência", explica Burke. "Nós estávamos em um palco vazio e eu tinha levado minha câmera, e Ezra perguntou se eu me importaria de ele me dar uma impressão de como seria. Nós só iríamos tirar algumas fotos, mas gravamos em vídeo. Ele fez uma atuação incrível, aterrorizante, gritando e se debatendo. Foi raiva e ódio em uma forma física, com um ruído gutural impressionante", ele recorda. Miller ficou exausto depois de apenas três minutos.

> "ESSA COISA NÃO TINHA FORMA. ERA RAIVA, ERA ÓDIO"
> – TIM BURKE

"Nós editamos e passamos em velocidades diferentes, e também de trás para frente. David Yates sequer estava ciente de que Ezra tinha feito essas coisas", Burke continua. "Quando lhe mostramos, David pirou e disse: 'Uau, é o nosso Obscuro'. Ezra realmente nos ajudou com seus movimentos e sua vocalização. Sua performance deu ao Obscuro um personagem concreto, mesmo sendo abstrato."

Depois a performance de Miller foi animada. "O Obscuro foi apenas uma espécie de qualidade membranosa em constante mudança; em seguida, vieram as partículas", disse Burke. Ferramentas sob medida foram criadas para o Obscuro, já que ele precisava se mover de maneira diferente em lugares diferentes, como na Times Square, no metrô ou no ar.

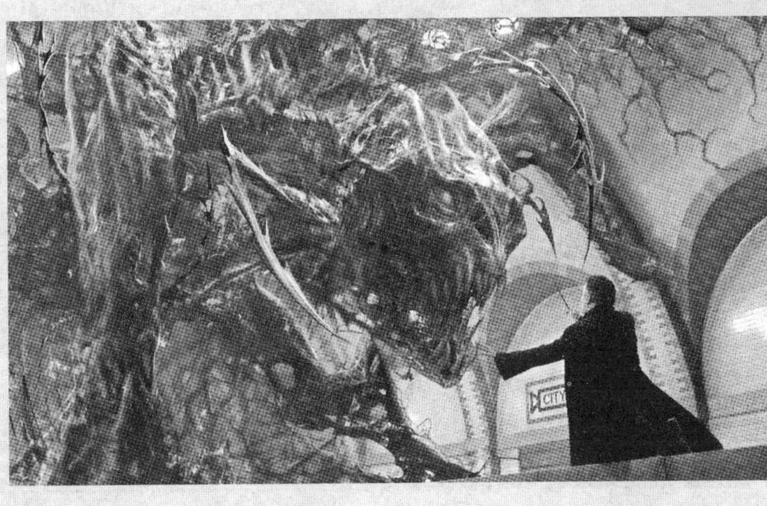

REVELANDO EMOÇÕES

Outro aspecto da aparência e dos movimentos do Obscuro foi que ele precisava transmitir emoção. "Quando está com raiva, tem um fogo enquanto está atacando e jogando coisas", Tim Burke explica. "Daí, quando Tina fala com ele, ele se acalma como se estivesse ouvindo e se torna uma bela obra de arte, como uma escultura. É bonito, rodopiante e hipnotizante — certamente não são efeitos visuais comuns de filmes."

Se os efeitos visuais queriam que este objeto sem feições transmitisse emoção, conseguiram. "Um integrante da audiência de uma exibição inicial me disse que nunca imaginou que poderia ter sentimentos por uma mancha negra."

AURORES BATALHAM NA ESTAÇÃO DE METRÔ DA PREFEITURA

Perseguido por Newt Scamander, que correu sobre os telhados tentando afastar os aurores que tentavam matá-lo, o Obscuro abre caminho pelas ruas da cidade, destruindo fachadas de lojas e revirando e esmagando carros. Após um confronto com a Polícia de Nova York, o Obscuro bateu no chão do lado de fora da entrada da estação de metrô da Prefeitura.

A estação de metrô original da Prefeitura de Nova York foi construída em 1904, e era notável não só por suas claraboias chumbadas e seus candelabros elegantes como também por não ter linhas retas. A arquitetura interna refletia isso, com tetos abobadados e entradas curvas. Por ser a última estação da linha, o trem fazia o retorno na Prefeitura para voltar às áreas residenciais da cidade.

"A estação da Prefeitura ainda existe, mas não se pode ir lá", diz Stuart Craig. "Pedimos permissão para tirar fotos e não fomos autorizados. Imagino que haja algum motivo de segurança, e essa é uma explicação perfeitamente boa."

"A pesquisa é muito mais fácil nos dias de hoje: faça uma busca on-line", Craig continua. "Isso transformou totalmente o que fazemos, então foi muito fácil pesquisar." Craig e os designers foram atrás de fotografias, registros arquivados e até mesmo romances para descrições da estação. "Nós fomos bastante fiéis na produção da Prefeitura. O estilo é *art déco* antiga, mas tem uma credibilidade real porque é impermeável, visto que os metrôs são espaços úmidos e subterrâneos. Nós mantivemos o nome e criamos um pátio grande e aberto com um metrô que leva a ele e é esmagado no confronto final", com, como Craig coloca, "carnificina e destroços por toda parte."

A equipe de investigação completa e os outros aurores do MACUSA entram na estação e lutam contra o poder mágico destrutivo que tem demolido partes de Manhattan, contra não só os apelos de Newt and Tina, mas os de Graves também. No final do combate, eles acreditam que o eliminaram.

ATENÇÃO AOS DETALHES

O set da estação de metrô da Prefeitura inclui uma placa semelhante àquelas penduradas nos verdadeiros metrôs de Nova York, que atribuem aos artesãos que os financiaram, administraram ou construíram. Esta placa lista o nome do pessoal do departamento de arte.

O DIRETOR DE SEGURANÇA MÁGICA USADO COMO DISFARCE

GRINDELWALD CAPTURADO!

ONDE ESTÁ PERCIVAL GRAVES?

Depois da destruição feita pelo Obscuro, foi descoberto por meio de um feitiço *Revelio* que Percival Graves, chefe do Departamento de Policiamento Mágico, era Gellert Grindelwald.

Após a morte do Obscuro, Graves começou a fazer uma retórica anti-Estatuto, questionando quem esta lei protege. "Uma lei que nos tem afundando como ratos em uma sarjeta. Uma lei que exige que escondamos nossa verdadeira natureza. Uma lei que direciona aqueles sob seu domínio a se acovardarem com receio de nos arriscarmos a sermos descobertos." Graves afirmou que ele se recusaria a curvar-se por mais tempo.

Embora a presidente Picquery tenha pedido aos aurores para tirar a varinha de Graves, ele não aceitou e começou a contra-atacar com feitiços. Graves parecia estar vencendo, mas subitamente Newt Scamander, que foi inicialmente suspeito de causar a destruição, liberou uma de suas criaturas, o Demônio de Rapina. O animal protegeu os aurores o suficiente para que Scamander fosse capaz de envolver uma corda de luz ao redor de Graves e mantê-lo imóvel até Tina Goldstein conseguir tomar a varinha de Grave. Foi então que Scamander proferiu o feitiço *Revelio* e Graves se transformou em Grindelwald.

CHUVA REFRESCANTE EMBEBE A CIDADE

PÁSSARO DO TROVÃO E UMA OPORTUNIDADE DE OBLIVIAR A POPULAÇÃO NÃO-MAJ

Embora Gellert Grindelwald tenha sido revelado e capturado, madame Picquery ainda precisava lidar com a exposição que os não-majs tiveram com a extensa quantidade de atividade mágica causada pelo Obscuro, e especialmente com a última batalha que derrubou Grindelwald. Não era possível, aos olhos dela, obliviar a cidade inteira, mas foi ajudada por Scamander.

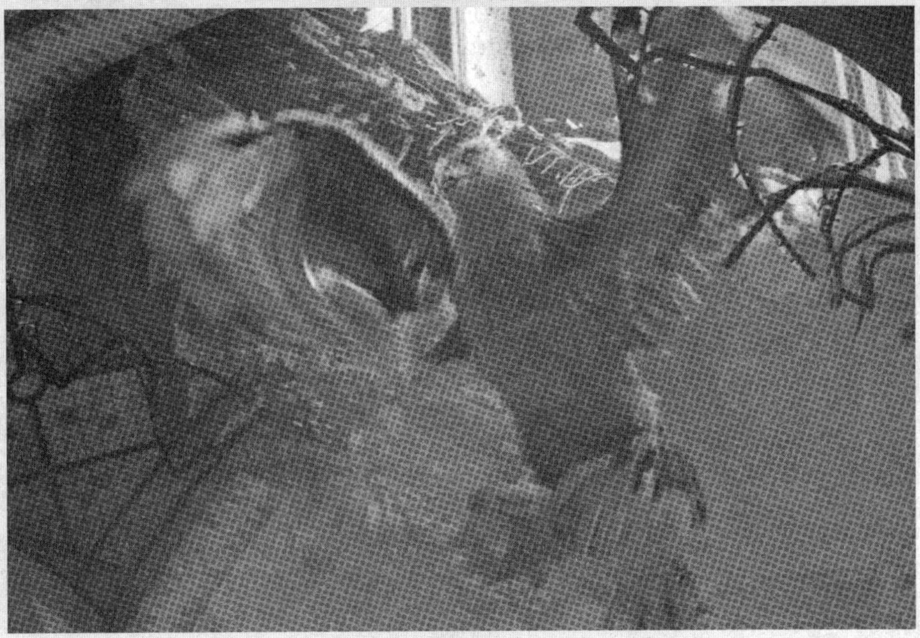

NOVOS COMEÇOS

"O Pássaro do Trovão foi o motivo real de Newt estar em Nova York", conta Eddie Redmayne. "Ele afirma que está lá para pegar um pufoso da raça appaloosa de presente para um amigo, mas essa é apenas uma desculpa para sua presença ali." (Não parece incomodá-lo quando Tina lhe diz que a compra e a venda de criaturas mágicas em Nova York é estritamente proibida.) "Pássaros do Trovão são incrivelmente valiosos, e este foi traficado para o Egito, onde Newt o encontra", Redmayne continua. "Assim, ele o traz de volta aos Estados Unidos para libertá-lo em sua terra natal, o Arizona. Ele quer devolver Frank ao lugar ao qual pertence."

ALÇANDO VOO

Os animadores originalmente projetaram o Occami com múltiplas asas, uma ideia que mudou quando a história restringiu a criatura a cenas dentro do depósito. "Conduzimos o Occami mais na direção de um dragão e decidimos usar as múltiplas asas no Pássaro do Trovão", diz Pablo Grillo.

Então, "sendo o Pássaro do Trovão o fim do filme, mostrando que o real propósito de Newt é liberá-lo de volta ao seu mundo, pareceu importante que ele tivesse certa elegância e nobreza", ele explica. "A inspiração veio da águia-de-cabeça-branca, da dignidade e da nobreza das aves de rapina. Incrível, escultural e com suas múltiplas asas, uma bela maneira de voar."

Um desafio para os artistas do desenvolvimento visual foi conceber como os quatro pares de asas da criatura poderiam se juntar contra o seu corpo. "Nós queríamos adicionar algo além para torná-lo ainda mais fantástico", diz Dermot Power. "A ideia veio do nome da criatura." Power criou uma arte visual que retratava seu estado de trovão, "refletindo nuvens tempestuosas, escurecendo as penas enquanto libera sua energia".

"O fluxo de sangue através de suas penas cria a impressão de padrões de nuvens se movendo através do animal", diz Christian Manz. "E, quando ele está criando a luz do sol,

CONTINUA NA PÁGINA 79

PRIMEIRAS E ÚLTIMAS IMPRESSÕES

Quando Newt Scamander levou Jacob dentro de sua maleta para lhe mostrar seus animais, Frank foi o primeiro que ele cumprimentou. "Mais uma vez, mais uma ideia brilhante de Jo [Rowling]", diz Redmayne. "O Pássaro do Trovão tem uma qualidade extraordinária de poder sentir o perigo, e seu humor é refletido pelo clima que flui abaixo dele. Se ele está assustado ou animado, a chuva cai."

"Frank era uma criatura adorável com a qual encerrar o filme", diz Pablo Grillo. "Ele desempenha um papel fundamental: sobe e envia uma poção que fará toda Nova York esquecer o que eles acabaram de ver. Ele amarra o filme de forma bela porque, no final, o único propósito de Newt em ir à América era lidar com essa criatura, soltá-la em seu hábitat, e era uma coisa incrível de mostrar. Acho que é um símbolo ótimo, no sentido da esperança de que ele vai se sair bem."

DIA MÁGICO DE CHUVA

Frank está animado por ser devolvido por Newt e expressa seu sentimento com uma chuva repentina. Isso levou a uma nova convenção de bruxaria contribuída pelo ator. "Tenho a ideia de usar minha varinha como guarda-chuva", diz Redmayne. Quando sugeriu isso para David Yates, o diretor respondeu: "Amei, vamos usar". O conceito de que uma varinha pode proteger um bruxo dos elementos é usado novamente no fim do filme por Queenie, quando ela sai para a rua para dizer um adeus comovente e arrependido a Jacob Kowalski antes de ele entrar na chuva — mas não antes de ela sugerir que eles deveriam ir a algum lugar e ficar juntos.

CONTINUAÇÃO DA PÁGINA 78

suas asas agem quase como um vitral com a luz passando por elas. A chuva não vem diretamente dele, mas, quando ele está voando e batendo suas asas, está puxando vapor d'água em volta dele para criar nuvens e, portanto, chuva."

RESENHA:

A PADARIA KOWALSKI

Um novo negócio abriu na região de Lower East Side em Nova York: a Padaria Kowalski, de propriedade do não-maj Jacob Kowalski. A fachada do edifício é uma reminiscência dos muitos negócios de propriedade de imigrantes no início de 1900, particularmente a Padaria Vesuvio, que exibia seus pães e bolos em duas grandes vitrines sob um toldo recortado.

Assim como aconteceu com todos os outros não-majs em Nova York, a memória do proprietário Jacob Kowalski do ataque e do dano causado pelo Obscuro desapareceu ao ficar na chuva que carregava o veneno do Demônio de Rapina. Aparentemente preso na fábrica de conservas, sua sorte é alterada por um presente que Newt Scamander deixa para ele: cascas de prata de ovos de Occami, que vão servir como garantia para o empréstimo bancário. Isso permite que Jacob enfim consiga sua padaria. "Mas há um tipo de memória subliminar que aparece nos bolos e nos pães que ele está fazendo", diz o modelador de adereços Pierre Bohanna. Versões de Seminvisos, Pelúcios, Erumpentes e Occamis em sobremesas são vendidos junto com rolinhos e *paczki*. "Tivemos o maravilhoso e divertido trabalho de produção de bolos e pães na forma das criaturas", Bohanna recorda. "Mas, claramente, não são pães *reais*." Os designers de set e de adereços aprenderam uma lição ao fornecer comida para os banquetes do Salão Principal nos filmes de Harry Potter: assados e luzes quentes não são uma combinação comestível. "Estes são sintéticos, produzidos em moldes. Mas são obras de arte, de uma maneira bonita, com acabamentos e sensações convincentes. É disso que se trata fazer adereços", Bohanna continua, "fazer algo assim e fazer com que funcione, tornando-o crível."

A loja é bem movimentada e está lotada quando um clarão de rosa entra e Jacob cumprimenta seu cliente recém-chegado. É Queenie, radiante. Jacob toca o próprio pescoço e sorri.

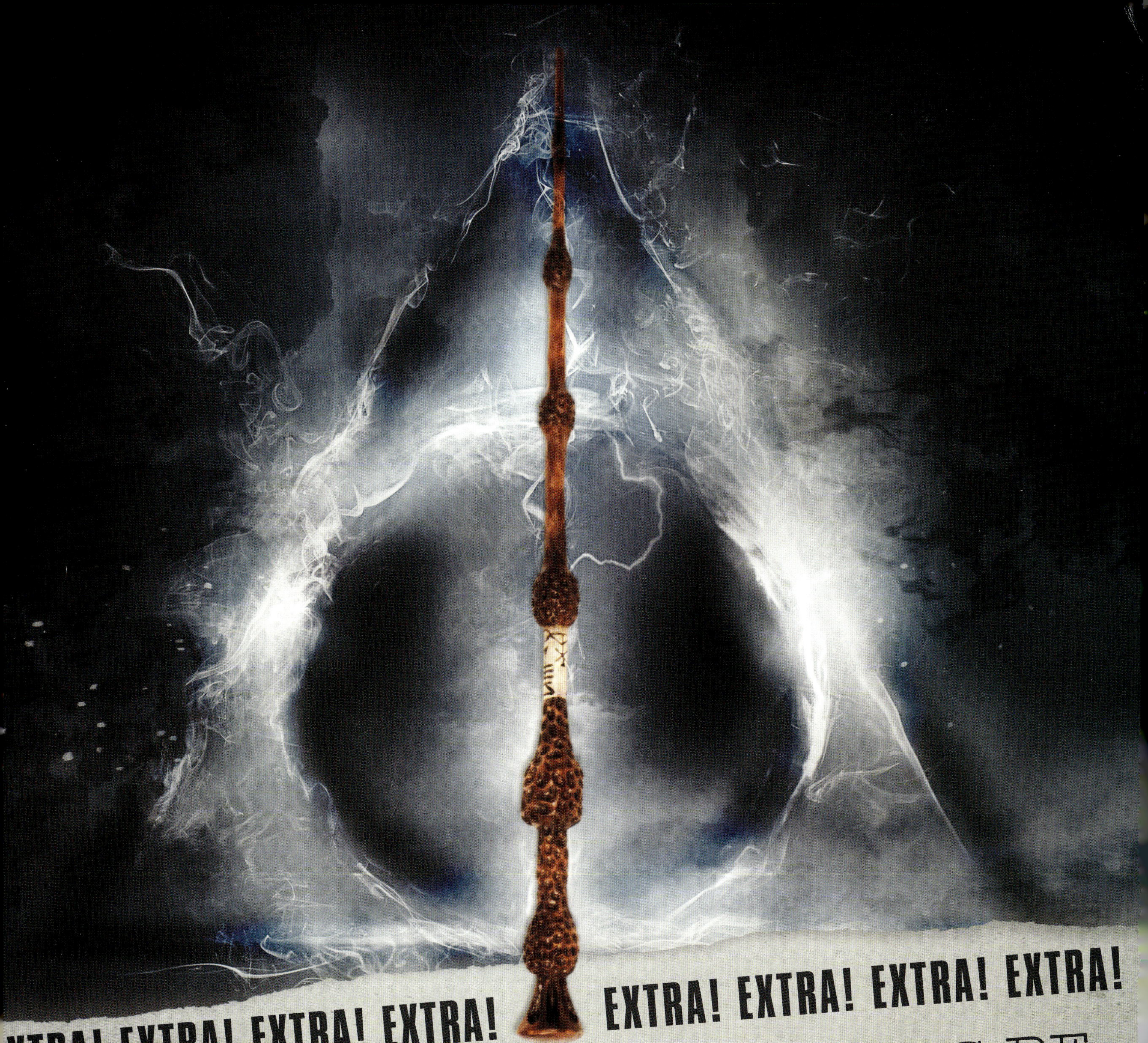

EXTRA! EXTRA! EXTRA! EXTRA!

XTRA! EXTRA! EXTRA! EXTRA!

UMA PRÉVIA DOS BASTIDORES DE

ANIMAIS FANTÁSTICOS

OS CRIMES DE GRINDELWALD

GELLERT GRINDELWALD ESCAPOU!

O bruxo das trevas Gellert Grindelwald conseguiu escapar dos guardas designados para ele pelo Congresso Mágico dos Estados Unidos durante sua extradição para a Europa para cumprir pena por seus crimes.

"Grindelwald é um vilão e ele gosta muito disso", diz Alison Sudol. "Há algo de muito divertido em ser malvado e curtir isso." Sudol também nota que Grindelwald, interpretado por Johnny Depp, é meio que um camaleão. "Grindelwald é de um jeito com uma pessoa e de outro com outra", ela explica, "e é obviamente uma característica incrivelmente destrutiva e terrível para um humano, mas é muito divertido interpretar como ator".

CREDENCE BAREBONE DESCOBERTO VIVO NA EUROPA

Credence, o filho adotado desaparecido da falecida Mary Lou Barebone, foi visto no Circus Arcanus, que recentemente completou uma turnê em Nova York e agora está em turnê pela Europa.

"[Credence] eliminou as correntes de seu abuso e repressão", conta o ator Ezra Miller. "Ele tem consciência de seu relacionamento com o Obscuro e está ganhando o controle para manifestá-lo intencionalmente. Ele está partindo em uma jornada de autodescoberta", Miller continua, "porque muito do que ele sabia sobre si antes descobriu ser mentira".

PUBLICADO ANIMAIS FANTÁSTICOS E ONDE HABITAM DE SCAMANDER!

Flourish & Blotts tem orgulho de anunciar o lançamento com seção de autógrafos da publicação pelo selo Obscurus Books do primeiro livro do magizoologista Newt Scamander, *Animais Fantásticos e Onde Habitam*. Esta ocasião mostrará a busca do autor para educar o mundo mágico sobre essas criaturas extraordinárias.

"O livro de Newt foi publicado e fez dele uma pequena celebridade", diz Eddie Redmayne, "o que ele acha brilhantemente estranho. Newt é um tipo único; seu interesse em criaturas e animais é único, e ele permanece fiel à sua paixão". Redmayne sente que Newt é um tipo mais solitário do que ele gostaria de admitir e "não quer ser puxado para o lado de ninguém. No entanto, como as apostas em curso no mundo são tão altas agora, ele está sendo puxado em direções diferentes. Parte da sua jornada é perceber que, embora tenha suas próprias paixões e tenha sempre tomado seu próprio rumo na vida, há momentos em que você precisa escolher um lado".

NEWT SCAMANDER
FANTASTIC
BEASTS
AND WHERE TO FIND THEM
OBSCURUS

PORPENTINA GOLDSTEIN Recolocada como Auror no MACUSA

Como resultado de seu papel na captura de Gellert Grindelwald, Tina Goldstein foi reintegrada como auror no MACUSA.

"No começo do segundo filme, Tina tem sido uma auror por um tempo e está prosperando nessa posição", diz Katherine Waterston. Mas Waterston acredita que a personagem aprendeu algumas lições importantes quando foi relegada ao Escritório Federal de Permissão de Varinhas. "Embora ela estivesse nervosa a respeito da carreira, ela nunca perdeu totalmente a confiança em seguir seus instintos", explica a atriz. "E seguir seus instintos levou à prisão de Grindelwald! Quando você a vê agora, ela está de volta no cerne dos seus instintos."

RECOMENDAÇÃO DE VIAGEM: PARIS DE 1927

Animais Fantásticos: Os Crimes de Grindelwald visita lugares familiares em Nova York e Londres antes de viajar para uma nova cidade: Paris. "Paris neste momento era uma parte muito extraordinária do mundo", diz Eddie Redmayne. "Era onde um caldeirão de pessoas se reunia e novos caminhos estavam sendo forjados. Era realmente um momento de mudança, uma mudança na moda, uma mudança na arquitetura. Art déco estava se tornando a art nouveau. Era um lugar incrivelmente colorido e vibrante." Durante sua estada ali, Newt Scamander vai visitar muitas localizações mágicas, todas elas debutando no mundo da magia.

A BUSCA POR GRINDELWALD RECEBE AJUDA DE UM VELHO AMIGO

Aurores do Ministério da Magia fazem uma visita a Hogwarts, onde Alvo Dumbledore está na equipe de professores.

Dumbledore é interpretado pelo ator Jude Law, que não resistiu a rever as performances de Michael Gambon e Richard Harris para sua própria interpretação. “Primeiro de tudo, era uma ótima oportunidade de rever todos os filmes, o que foi bem divertido”, ele afirma, “e eu só queria investigar se havia algo que pudesse tirar deles, mesmo que fosse muito importante para todos nós que não estivéssemos criando aquele Dumbledore. Estávamos criando o homem que se tornaria aquele Dumbledore”.

CANTO DO CUPIDO: QUEENIE GOLDSTEIN E JACOB KOWALSKI

Independentemente do seu carinho pelo agora bem-sucedido padeiro não-maj Jacob Kowalski, Queenie Goldstein ainda está ciente da proibição de relacionamentos entre pessoas mágicas e não-mágicas.

"Ao final do primeiro filme, ela está quebrando as leis ao voltar até Jacob", diz Alison Sudol. "Porque faz tanto tempo que ela vê dentro da cabeça das pessoas, ela nunca se apaixonou do jeito como se apaixonou por Jacob, e acho que ela está um pouco desesperada para não o perder. Isso a leva a fazer talvez a não mais sábia das escolhas, algo que todos nós já fizemos no amor." Dan Fogler admite que é difícil pensar em um relacionamento quando o mundo bruxo está em um estado tão tênue. "A temperatura está fervendo", ele diz. "As apostas estão aumentando e todos estão escolhendo lados, o que torna as relações mais sérias e mais complexas."

LUMOS NO MINISTÉRIOS DA MAGIA:

THESEUS SCAMANDER E LETA LESTRANGE

Theseus Scamander é o chefe do Departamento de Aurores do Ministério da Magia, fortemente envolvido na busca por Gellert Grindelwald, e também é o irmão mais velho de Newt Scamander. "Theseus é o polo oposto de Newt", diz o ator Callum Turner. "Ele está realmente lá em cima no ministério, e é assim que ele luta pelo que é certo. Newt e ele estão do mesmo lado, apenas lutando de uma maneira diferente. Mas, não importa o que aconteça, são irmãos e se amam."

Leta Lestrange também trabalha no Ministério. "Eu sabia que havia uma história entre ela e Newt", comenta a atriz Zoë Kravitz, embora agora Leta esteja noiva do irmão dele. Leta vem de uma família bruxa puro-sangue. E, por causa disso, "Leta é bem complicada", Kravitz diz com um sorriso.

CONECTANDO AS HISTÓRIAS

"O que eu amo neste novo filme é o tecido que conecta tudo", diz Eddie Redmayne. "Que esses nomes, que essas histórias que estão no fundo de nossas mentes da série Potter começam a tecer seu caminho em *Animais Fantásticos*, seja por meio da chegada de Leta Lestrange ou de Dumbledore, da Varinha das Varinhas ou do retorno a Hogwarts, algo que eu adorei. Vai dar para ver que o papel do primeiro filme *Animais Fantásticos*, definido dentro de apenas alguns dias, foi realmente um pedaço de uma história muito maior."

LESTRANGE

ANIMAIS FANTÁSTICOS FAMILIARES RETORNAM; NOVAS CRIATURAS SÃO APRESENTADAS

Pickett, o Tronquilho, e o Pelúcio vão voltar à telona em *Animais Fantásticos: Os Crimes de Grindelwald.* Uma visita à casa londrina de Newt Scamander vai apresentar novas criaturas, e o Circus Arcanus também introduz novos animais, incluindo uma formidável criatura chinesa.